betörend!
Literarische Duftnoten

DIE AUTORINNEN und AUTOREN sind Holger Bodag, Maike Braun, Gudrun Büchler, Gaby Cadera, Sabine Fink, Marianne Glaßer, Thomas Hocke, Reinhart Hummel, Claudia Kejwal, Christiane Kleine, Armena Kühne, Martina Moritz, Susann Obando Amendt, Kai Riedemann, Jutta Schöps-Körber, Henning Schöttke, Anina Stecay, Salina Petra Thomas, Diana Wieser, Michael Zeidler

ILLUSTRATIONEN von Degenhard Langner

HERAUSGEGEBEN von Karen Grol

betörend!

Literarische Duftnoten

STORIES & FRIENDS

1. Auflage - 2011

Cover-Hintergrund: © Gregor Buir - Fotolia.com
Illustrationen Cover/Inhalt: © Degenhard Langner
Layout & Satz: STORIES & FRIENDS Verlag
Druck und Bindung: Freiburger Graphische Betriebe, Freiburg
ISBN 978-3-9811560-9-6
www.stories-and-friends.com

»Poesie ist wie ein Duft,
der sich verflüchtigt
und dabei in unserer Seele
die Essenz der Schönheit zurückläßt.«

Jean Paul, (1763 - 1825), eigentlich Johann Paul Friedrich Richter,
Deutscher Dichter, Publizist und Pädagoge

Inhalt

Duftakkorde für die Seele

Zusammenklang

Im Tempel der Natur, in Säulengängen,
Durch die oft Worte hallen, fremd, verwirrt,
Der Mensch durch einen Wald von Zeichen irrt,
Die mit vertrauten Blicken ihn bedrängen.

Wie weite Echo fern zusammenklingen
Zu einem einzgen feierlichen Schall,
Tief wie die Nacht, die Klarheit und das All,
So Düfte, Farben, Klänge sich verschlingen.

Denn es gibt Düfte, frisch wie Kinderwangen,
Süss wie Oboen, grün wie junges Laub,
Verderbte Düfte, üppige, voll Prangen,

Wie Weihrauch, Ambra, die zu uns im Staub
Den Atemzug des Unbegrenzten bringen
Und unsrer Seelen höchste Wonnen singen.«

Charles Baudelaire, 1821-1867

Inspiration

Claudia Kejwal

An jenem denkwürdigen Tag ließ der Wettergott seine Muskeln spielen, um zu beweisen, dass nicht etwa ein Eintrag im Kalender, sondern er höchstpersönlich über den wahren Frühlingsbeginn bestimmte. In Anlehnung an das Gebaren der Furien, seiner römischen Verwandten, rasten eisige Windböen durch den Garten, die die gerade erst aufgeblühten Knospen von den Zweigen rissen und wie Schneeflocken durch die Luft wirbelten. Inês hatte in Erwartung der ersten sonnenhungrigen Gäste zusätzlich zu den Tischen im Pavillon auch im Garten eingedeckt und ihr gefiel, wie die zarten, rosafarbenen und weißen Blütenblätter sich binnen weniger Minuten zu Spitzentischdecken formierten. Um das idyllische Bild abzurunden, stellte sie auf jeden der Kaffeetische schwere Kristallglasvasen, arrangierte sie mit fliederfarbenen Freesien und legte über die Lehnen der Stühle kuschelige, ebenfalls pastellfarbene Wolldecken.

Allerdings schien der Nordostwind tatsächlich einen respektablen Sieg über die zaghaften Sonnenstrahlen errungen zu haben, denn Inês wartete vergeblich auf Kundschaft. Wer verließ bei solch einem Wetter schon freiwillig Haus oder Hotel, um nach dem Mittagessen in ihrer Casa de Chá auf Tee und Kuchen vorbeizukommmen?

Seufzend brühte sie sich einen Earl Grey auf und ging in ihre Backstube, denn zumindest zur nachmittäglichen Teestunde, zu dem von den Briten übernommenen Five o'Clock Tea, würden die Gäste schon eintreffen, und bis dahin sollte sie das Gebäck fertig haben. Schließlich galt ihre Adresse derzeit als Geheimtipp auf Madeira.

Als das zitronige Bergamottearoma aus der dampfenden, mit Rosenblüten bemalten Teetasse Inês' Geruchsnerven kitzelte, wusste sie plötzlich, was sie heute als Spezialität des Tages anbieten wollte. Natürlich würden die silbernen Etageren ganz traditionell mit Scones, Erdbeermarmelade und Clotted Cream bestückt sein, ebenso wie mit Gurken- und Thunfischsandwiches. Doch heute würde sie auf der Schiefertafel ein Gewürzbrot ankündigen. In kleine Rauten geschnitten, sah sie es bereits auf einer ovalen Porzellanplatte vor sich und schmeckte es fast am Gaumen: mit Sauerrahmbutter und schwarzem Steinsalz, beides so, wie ihre Gäste es liebten, in glänzenden Silberschalen serviert.

Beschwingt von dieser Idee machte sie sich ans

Kneten des Brotteigs und griff mutig in ihre Gewürz-döschen. Beim Backen vertraute sie stets ihrem Gefühl und hinterher konnte sie nie sagen, welche Mengen sie hinzugefügt hatte. Heute war ihr danach, etwas ganz Neues zu komponieren, und so tauchte sie den Oliven-holzlöffel tief in das Glas mit dem Akazienhonig. Der Teig duftete wohlig-warm, aber Inês war noch nicht zu-frieden. Sie mengte Anissamen unter und gab eine Prise Nelkenpulver hinzu. Langsam glitt ihr Blick über die Regalreihen. Die Vanilleschote ließ sie in ihrem Glas-röhrchen; die Mischung würde zu aufdringlich riechen. Gemahlener Mohn im Teig wäre nett anzusehen, auch die Gelbtönung mit Kurkuma schien interessant, aber heute wollte sie dem Brot lieber eine besondere Note verleihen. Inês nippte an ihrem Earl Grey und plötzlich wusste sie, dass die zitronige Schärfe von kandiertem Ingwer das i-Tüpfelchen ihrer neuesten Kreation sein würde. Jetzt ging alles ganz schnell. Ehe sie sich versah, drängte Brotduft aus der Backstube hinaus, als ob er da-für bezahlt würde, auf den Straßen und Gassen der Insel für ihre Casa de Chá Werbung zu machen.

Prompt öffnete sich die Tür. Da stand er, rührte sich nicht und sog den Duft ein. Er schnüffelte nicht, son-dern schien still und völlig in sich selbst versunken den Aromen nachzuspüren. Ein Gentleman, groß und schlank. Der hochgeschlagene Kragen seines dunklen Mantels ließ ihn aristokratisch wirken. Sein schwarzes Haar trug er streng gescheitelt und an einigen Stellen leuchtete es schon silbern. Er war mindestens doppelt so alt wie Inês, doch warum hätte Amors Pfeil sie deshalb nicht treffen sollen?

Er trat ein und blieb unbeweglich in der Mitte des Raums stehen. Ebenso festgenagelt, fühlte Inês sich unfähig, ihm den Mantel abzunehmen und einen Platz anzubieten. Sein Blick wanderte in Richtung Backstube, und als er schließlich das Schweigen brach, war es nur eine kurze Frage: »Vous permettez?«

Inês verstand und wies ihm mit ausgestreckter Hand den Weg in ihr kleines Reich, in das bisher noch nicht viele Menschen Zutritt bekommen hatten. Sie ließ den Fremden gewähren, lehnte am Türrahmen und beobachtete fasziniert, wie er diverse Gewürzdosen öffnete und in höchster Konzentration daran roch. Dann sammelte er in seiner Handfläche einige Gewürze und hielt sie ihr unter die Nase.

»Ist es das, was Sie verwendet haben?«, fragte er und Inês nickte nur. Sie wunderte sich nicht einmal. Amors Pfeil wirkte.

»Es fehlt noch eine Prise grob zerstoßener schwarzer Pfeffer.«

Genauso bestimmt hätte er sagen können: Madeira liegt 700 Kilometer westlich der marokkanischen Küste im Atlantischen Ozean. Oder: Ihr Backofen ist auf 180 Grad Ober- und Unterhitze eingestellt. Oder irgendeine andere unverrückbare Wahrheit. Normalerweise hätte Inês sich eine Einmischung in ihre Backkünste strikt verbeten und ihn schnellstens hinauskomplimentiert.

Doch der kalte Nordostwind hatte an diesem Tag jegliche Normalität vertrieben und so nahm sie sich ihrerseits die Freiheit, ihn am Arm zu fassen und in die Ecke zu lotsen, in der ihr steinerner Mörser stand. Dort zerstampfte sie einen guten Teelöffel an Pfefferkörnern, bis er ihr Einhalt gebot. Inês griff nach seiner Hand, neigte sie sanft, sodass die Gewürze darin in den Mörser fielen. Sorgfältig zerrieb sie die Mischung. Dann führte sie erneut seine Hand und füllte sie mit einer Probe.

Er schnupperte daran. »Ja, das ist die ultimative Mischung«, bestätigte er kurz und knapp. Unverrückbare Wahrheiten bedürfen keiner ausführlichen Erläuterung.

Es kam Bewegung ins Spiel, als hätte der Unbekannte eine diffizile Aufgabe erfolgreich gelöst. Er zog seinen Mantel aus. Inês hängte ihn an die Garderobe und er folgte ihr zu einem der Tische im Pavillon mit Blick auf den Garten. Sie brachte ihm die Teekarte und zeigte auf die liebevoll arrangierten Cupcakes und Törtchen. Doch er schüttelte nur den Kopf und sagte: »Ich warte lieber, bis Ihr Brot fertig ist.«

Als Inês ihm einen spritzig-leichten Darjeeling First Flush servierte, deutete er auf den Sessel ihm gegenüber und bat sie, Platz zu nehmen. Sie setzte sich und formte schweren Herzens mit den Lippen die Worte: Ich heiße Inês und ich bin stumm.

Er stutzte, schließlich erhob er sich, reichte ihr die Hand und stellte sich vor: »Mein Name ist Serge. Ich bin aus Paris angereist, um mich von der Blütenpracht auf

Ihrer paradiesischen Insel inspirieren zu lassen.« Nach kurzem Zögern fügte er hinzu: »Sie verstehen immerhin meine Sprache, leider bin ich der Gebärdensprache nicht mächtig. Aber es scheint, dass wir uns auf einer anderen Ebene unterhalten können. Sollen wir zurück in Ihre Backstube gehen?«

Und das taten sie.

Auf den ersten Blick hätte dieser vornehme, schwarz gekleidete Franzose eher in eine Kanzlei, eine Bank oder auch in ein Modeatelier gepasst und sicher nicht in eine Backstube, in der er riskierte, mit Mehl bestaubt oder von Honig bekleckert zu werden. Doch umgeben von Inês' Gewürzschätzen fiel jegliche Strenge von Serge ab und Inês' Herz pochte in einem wilden und fremden Rhythmus.

Während er immer neue Mischungen zusammenstellte und in ihre Hand gleiten ließ, um sie daran riechen zu lassen, tauchten vor ihrem inneren Auge Bilder der französischen Hauptstadt auf: Paris, die Stadt der großartigsten Bauwerke, der schönsten Paläste, die Stadt der Könige, die Stadt der Maler und Philosophen, die Stadt der Mode. Paris, die Stadt der Liebe! In ihren Träumen sah Inês sich selbst angelehnt an eine starke Schulter, behütet und beschützt vor der lauten Welt da draußen und in wortlosem Einklang verstanden von einer verwandten Seele. Der Ort, an dem es diese Schulter für sie gab, lag im dichten Nebel ihrer Träume versteckt. Sollte heute ein neuer Lebensabschnitt für sie beginnen?

Der Küchenwecker rief Inês wieder in die Realität zurück: Das Brot war fertig.

Serge schien sich schon perfekt in ihrer Stube auszukennen, denn er reichte ihr die Topflappen. Dann beugte er sich gespannt über das heiße Blech und sog den Duft ein. Unentschlossen wiegte er den Kopf hin und her und meinte: »Mit oder ohne Pfeffer, das ist hier die Frage.«

Inês wollte widersprechen. Die Gewürzmischung mit Pfeffer hatte sie überzeugt. Am liebsten hätte sie gleich ein neues Ingwerbrot gebacken. Doch er legte ihr den Finger an die Lippen und meinte: »Lassen Sie uns das entscheiden, wenn wir es probiert haben.«

Während das Brot abkühlte, führte Inês ihren Gast in den Garten. Sie deutete auf Bäume, Blumen, Sträucher und Kräuter und er nannte ihr die französischen Namen. Bei diesem Wissen konnte ihr Gast kein Rechtsanwalt sein, kein Bankier und kein Modedesigner. Inês ließ ihn ihre Frage von den Lippen ablesen: Haben Sie auch einen Garten?

Er antwortete: »Die ganze Welt ist mein Garten!«

Ein Philosoph also, dachte sie. Doch woher kannte er sich so gut mit Gewürzen und in der Botanik aus? Inês blickte neugierig auf seine zartgliedrigen und perfekt manikürten Finger, die sicher noch nie mit rauer Muttererde in Kontakt gekommen waren. Aus einem Impuls heraus streckte er ihr seine Hände hin, gerade so, wie man es aus alten Filmen in Erinnerung hat, wenn Schüler vor Unterrichtsbeginn oder Servierkräfte vor ihrem Restaurantleiter zur Inspektion antreten müssen. Inês nickte und gab ihm zu verstehen: Ich sehe, Sie sind kein Gärtner.

Serge lächelte sie an und erwiderte: »Ich arbeite lieber mit meiner Nase.«

Aha, er war wohl ein Schnüffler. So nannte man doch Detektive, oder?

Das Brot war mittlerweile genügend ausgekühlt, um es zu verkosten. Serge bat sie, einen kräftigen Assamtee dazu zu servieren. Nichts anderes hätte Inês ihm angeboten. Nur dieser Tee mit seinem malzigen Aroma konnte ihrem Gewürzbrot genug Kraft entgegensetzen.

Sie brachte den Tee in einer schweren Silberkanne, weiße und braune Kandiswürfel und ein Kännchen mit dicker Sahne, und legte das Teesieb auf einen kleinen Teller daneben. Ihr Ingwerbrot schnitt sie wie geplant in Rauten und servierte es zusammen mit Butter und Salz. Serge schien so sehr darin versunken zu sein, den Geruch und die Konsistenz ihres Brotes zu genießen, dass ihm nicht einmal auffiel, dass sie sich nicht zu ihm setzte. Inês verstand dies als klaren Hinweis darauf, dass sie die Distanz, die er ihr damit signalisierte, wahren musste. Dass sie sich mit ihrer Rolle als Gastgeberin zufriedengeben musste. Dass sie ihn wohl nicht wiedersehen würde. Dass er nicht der Mann war, dessen Schulter ihr Halt und Nähe geben würde. Weder auf Madeira noch in Paris.

Jetzt wandte er sich ihr zu. »Ihre Kreation ist perfekt. Mit Ingwer. Ohne Pfeffer. Mein Kompliment!«

Er beglich die Rechnung und verabschiedete sich. Als er ihre Casa de Chá verließ, hüpften Sonnenstrahlen durch Inês' Garten. Serges Schatten wurde kleiner und kleiner, doch er drehte sich nochmals um und rief ihr zu: »Ich werde mich bald revanchieren! Mit einer Kreation aus Ingwer und Pfeffer!«

Einige Monate später, als Amor seinen Pfeil vorsichtig und ohne dauerhafte Narben zu hinterlassen aus Inês' Herz entfernt und sie Serges mysteriöse Abschiedsworte schon fast vergessen hatte, erhielt sie ein Päckchen aus dem Palais Royal in Paris. Darin befanden sich ein Parfumflakon und ein handgeschriebener Brief. Inês erinnerte sich noch gut, wie Serge damals mit ihr in der Backstube experimentiert hatte, aber jetzt veränderte ihr Herz seinen Rhythmus nicht.

Genau wie Serge selbst kam auch sein Brief ohne viele Worte aus:

In Anlehnung an die angenehmen Stunden in Ihrer Gesellschaft heißt mein neuer Duft »Five o'Clock au Gingembre«. Ich danke Ihnen für die Inspiration. Vertrauen auch Sie Ihrer Nase und locken Sie damit Ihr Glück an! Mit den besten Wünschen für Ihre Zukunft!

Ihr Serge L.

Als Inês ehrfürchtig den kugelrunden Verschluss von dem sonst sehr schlicht und streng gehaltenen Flakon löste und einen Tropfen des Parfums auf ihr Handgelenk tupfte, schnupperte sie neben Ingwer und Honig tatsächlich eine gehörige Prise Pfeffer! Was für ein außergewöhnlicher Duft!

Inês sah sich plötzlich in einem neuen Licht: Sie hatte nicht nur einen der berühmten *Le Nez* genannten Parfümeure kennengelernt, einen wahren Duft-Detektiv sozusagen, sondern ihm auch noch als Inspirationsquelle gedient!

Hörte sie draußen nicht schon wieder eine Nordostböe durch ihren Garten fegen? Dieser Wind könnte Serges Duftkreation durch die Straßen und Gassen der Insel tragen. Mal sehen, in welcher Form sie ihr Glück damit anlocken konnte! Schließlich handelte es sich um einen ausgesprochen sinnlichen Herrenduft!

Arrow

Henning Schöttke

Es war keineswegs so, dass Tom Tiere ablehnte. Sie waren ihm einfach nur gleichgültig. Als er jetzt Taschen und Umzugskartons zum Haus seines Freundes Bastian schleppte, um dort für anderthalb Jahre einzuziehen, lief eine grauweiß gescheckte Katze über den halbhohen Rasen. Der Beschreibung nach musste das wohl Arrow sein.

Er schloss die Tür auf und neben ihm huschte das Tier ins Haus. Tom schlenderte herum. Auf der Arbeitsplatte in der Küche thronte eine Espressomaschine, im Kühlschrank entdeckte er Katzenfutterdosen und im Unterschrank der Spüle Trockenfutter. War Arrow eigentlich ein Kater oder eine Katze? Er konnte sich nicht erinnern, ob Bastian es ausdrücklich gesagt hatte. Bastian, ein Fotojournalist, war heute Morgen zu einer Weltumsegelung aufgebrochen, zwei Tage früher als geplant, und hatte Tom den Schlüssel vorbeigebracht, als der gerade zur Uni radeln wollte.

»Tut mir leid wegen der Hektik. Ich muss schon in einer Stunde los, um in Antwerpen einen Kollegen mitzunehmen. Achte vor allem gut auf Arrow.«

»Cooler Name.«

Bastian hatte gelacht. »Und er passt total. Als ich den kleinen Wicht damals bei Freunden abholte, wuselte er so pfeilschnell zwischen den anderen Kätzchen über den Hof, dass man ihn kaum schnappen konnte.«

»Alles klar, Mann«, hatte Tom gesagt. »Du kannst dich auf mich verlassen.«

Auf der Suche nach Arrow durchstreifte er Schlaf- und Wohnzimmer, ging dann hinauf ins Badezimmer und fand das Tier schließlich im Arbeitszimmer daneben, zusammengerollt in einem Karton für Fotosachen. Tom ließ den Blick schweifen. Auf Bastians Computertisch stapelten sich Fachzeitschriften, Schreibzeug und ein Diktiergerät. »Du kannst meinen Kram in den Schrank räumen«, hatte Bastian gesagt. Fürs Erste würde Tom sich wohl lieber unten im Wohnzimmer ausbreiten.

Er stieg die Treppe hinunter. Im Flur standen noch seine Umzugskartons. Gedankenverloren betrachtete er sich im Spiegel und fuhr sich mit gespreizten Fingern durch die halblangen Haare. Bevor er die Kartons auspackte, sollte er Bastian kurz anmailen. Er setzte sich im Wohnzimmer aufs Sofa, klappte das Notebook auf und schrieb: »Bin gerade eingezogen :-) Alles super.«

Anderthalb Jahre. Es hätte nicht besser passen können. Er legte die Arme auf die Sofalehne und streckte die Beine von sich. In genau dieser Zeit würde er die letzten Scheine seines BWL-Studiums machen und sich zugleich aufs Examen vorbereiten. Dabei hatte vor vier Wochen noch alles nach Stress ausgesehen, als er sich von Alexandra getrennt und vorübergehend seine Sachen wieder bei seiner Mutter untergestellt hatte. Tom stapelte seine Bücher auf dem Wohnzimmertisch und verteilte Notizen und Papers auf den beiden Sesseln und neben sich auf dem Sofa. Welcher Teufel hatte ihn im letzten Herbst geritten, mit Alex zusammenzuziehen? Das hatte er doch bei allen früheren Beziehungen tunlichst vermieden.

Zum Glück kannten weder sie noch Birte oder Christiane diese Adresse. So konnte er sich vollkommen aufs Lernen konzentrieren, ohne genervt zu werden. Beim Rundgang durchs Haus hatte er kaum Pflanzen gesehen, die gegossen werden wollten. Er öffnete die Terrassentür und blickte in den verwilderten Garten, in dem schon an allen Bäumen erste Blätter sprossen. Blieb also nur Rasenmähen und im Herbst das Laub harken, aber das war noch viele Monate hin. Und was Arrow betraf, da hatte er eine Liste: füttern, mehrmals am Tag rauslassen, Katzenklo reinigen – und für Notfälle die Nummer des Tierarztes.

Als Tom am Abend Trockenfutter in den Napf schüttete, tauchte das Tier plötzlich hinter ihm auf und rieb den Kopf an seinem Bein. Er schob es mit dem Fuß zur Seite. Zurück auf dem Sofa begutachtete er seine Hose, konnte aber keine Katzenhaare auf dem dunklen

Jeansstoff entdecken. Er hörte, wie in der Küche der Futternapf über den Terrakottaboden scharrte. Arrow kam auf leisen Sohlen herein und richtete sich mit den Vorderpfoten am Sofa auf. »Nichts da.« Tom drückte das Tier zurück. Er griff nach seinen Notizen, lehnte sich nach hinten und behielt es im Auge. Arrow putzte sich eine Weile, strich um einen der Sessel herum und sprang mit einem plötzlichen Satz auf Toms Unterlagen zur Angewandten Finanzmathematik.

»Geht's noch?«

Tom fuhr hoch und klatschte in die Hände. Arrow machte einen Satz vom Sessel, rannte durch die Terrassentür und tauchte im Garten unter. Missmutig glättete Tom die verknickten Papiere. Wie recht seine Mutter hatte, die über Haustiere immer kurz und bündig zu sagen pflegte: »So was bringt nichts.«

Gegen halb elf ließ seine Konzentration nach. Er schloss die Bücher und lauschte in den Garten. War es normal, dass Arrow sich so lange draußen rumtrieb? Er schaltete den Fernseher ein. Während er durch die Programme zappte, kam eine SMS von Christina. Er drückte sie ungelesen weg und schaute noch eine halbe Folge *Law and Order*. In der Werbepause schlenderte er auf die Terrasse. Ein Wind strich durch die noch jungen Blätter des Apfelbaums. Nicht dass Arrow gleich am ersten Abend verschwand. In Gedanken sah Tom sich bereits im Tierheim an einer Reihe mit Katzen vollgestopfter Käfige entlangschreiten und nach Arrow Ausschau halten. Würde er das Tier überhaupt wiedererkennen?

Er versuchte, sich an Arrows Fellzeichnung zu erinnern. War eines der Beine nicht irgendwie andersfarbig?

Mitten in der Nacht weckte ihn lautes Miauen und er setzte sich desorientiert auf. Ach ja, das hier war Bastians Bett, sein Schlafzimmer. Toms Blick glitt zum Fenster, das zur Terrasse hinausführte. Draußen auf der Fensterbank kauerte ein schwarzer Schatten. Tom stieß schwer die Luft aus und dachte kurz darüber nach, das Tier im Garten zu lassen, sozusagen als Erziehungsmaßnahme, vielleicht würde es dann lernen, abends zeitiger heimzukommen. Aber nein, das war ausgeschlossen. Er stemmte sich hoch und schlurfte zum Fenster.

Als Tom am nächsten Tag von der Uni zu seinem neuen Zuhause radelte, hielt er kurz bei einem Elektronikshop und kaufte sich ein neues Handy und damit eine zweite Handynummer, gedacht nur für seinen Professor, seine Mutter und ein, zwei Kommilitonen, die ihm gelegentlich beim Lernen halfen. Bevor er sich an seine Bücher setzte, lockte er Arrow mit Futter in die Küche und prägte sich, während das Tier fraß, sein Aussehen genau ein: Es war dunkelgrau und weiß gescheckt, eben wie eine stinknormale Straßenkatze, auffallend war nur das rote Hinterbein. Außerdem hatte es einen schwarzen Fleck auf der rosa Nase.

Den ganzen Abend über zog Arrow sich von Tom zurück, erst mitten in der Nacht startete das Tier einen erneuten Belästigungsversuch. Tom wurde wach, als irgendetwas auf dem Bett herumtappte. Er sah umher, nicht mehr ganz so desorientiert wie in der Nacht zuvor, und erkannte Arrow. Das Tier trat mit den Vorderpfoten eine Kuhle in die Bettdecke und versuchte tatsächlich, es sich neben ihm bequem zu machen.

»Ich glaub's ja wohl nicht.« Er hatte den Satz noch nicht zu Ende gedonnert, da verschwand Arrow schon pfeilschnell im Flur. »Verpiss dich, blöde Katze – oder was immer du bist.«

Tom fuhr sich mit der Hand durchs Gesicht. Er hatte wirklich keine Lust, die Tür zuzumachen. Geschlossene Türen nervten. Er zog sich das Kissen über den Kopf und schlief sofort wieder ein.

In den folgenden Wochen gingen Tom und Arrow einander zunehmend aus dem Weg. Tagsüber ließ Tom die Terrassentür offen. Arrow stromerte durch den Garten und Tom war froh, das Tier möglichst wenig zu sehen. Zwei-, dreimal versuchte es noch, aufs Sofa oder die Sessel zu springen, fand sich aber irgendwann wohl damit ab, dass Tom es sofort verscheuchte. Erst wenn es dunkelte, schloss er wegen der Mücken die Tür. Dann spielte er für Arrow den Portier. Rein. Raus. »Mein Güte, vielleicht kannst du dich mal entscheiden.« Rein. Raus.

Eines Nachts Mitte Juni kam er besonders schwer hoch. Arrow saß draußen auf der Fensterbank, kratzte an der Scheibe und miaute. Es dauerte Minuten, ehe Tom sich wach genug fühlte, aufzustehen und das Fenster zu öffnen. »Nerv doch, verdammt noch mal, nicht ständig rum.« Er ließ sich wieder ins Bett fallen, vergrub sich unter der Decke und spürte kurz darauf, wie Arrow versuchte, sich neben ihn zu drücken. Das konnte nicht wahr sein. Er musste morgen doch wieder früh raus. Er schubste das Tier aus dem Bett und dirigierte es mit einen Klaps in Richtung Flur. Mit hängenden Schultern auf der Bettkante sitzend, starrte er zur Tür. Es nützte nichts, dann musste er eben bei geschlossener Tür schlafen.

Er kroch unter die Decke zurück, und als er neben seinem Gesicht eine Hand auf das Kopfkissen bettete … Was war das? Ein leiser, betörender Duft. Tom schlug die Augen auf, für einen Moment verwirrt. Offenbar ein Damenparfum. Wie kam das an seine Fingerspitzen? Frisch, aber streng. Er schnupperte am Kopfkissen und am T-Shirt. Er war heute nur in einem Seminar gewesen, hatte dort aber keine Frau berührt. Vielleicht die Kassiererin aus dem Supermarkt? Nein, Unsinn, das hätte er früher gerochen. Er schloss die Augen und hielt die Finger vor die Nase; zwar roch er nun nichts mehr, doch der Duft schwebte noch immer würzig und leicht in seiner Erinnerung.

Arrow!, dachte er und setzte sich auf. Vielleicht hatte die Katze den Duft an sich gehabt? Während er im Dunklen durchs Wohnzimmer tappte, war ihm plötzlich, als habe Arrow schon in den vergangenen Tagen einen Duft hinter sich hergezogen, so unmerklich schwach, dass er ihm nicht bewusst geworden war.

Er fand die Katze nach einigem Suchen oben in Bastians Arbeitszimmer auf dem Computerstuhl. Ein schwacher Lichtschein fiel von der Straße herein und Arrows Augen leuchteten grün auf.

»Na, Katzentier?« Er ging langsam in die Hocke. Arrow starrte ihn regungslos an. Als er sich hinunterbeugte, wich die Katze ein Stückchen zurück. Tom strich mit der Handfläche über das Fell, und schon bevor er die Finger zur Nase führte, spürte er leichten Parfumduft aufsteigen. »Na, du bist ja eine. Wo hast du dich denn rumgetrieben?«

Er schüttelte grinsend den Kopf, kehrte ins Bett zurück und legte seine Hand wieder neben sich auf das Kopfkissen. Was für ein unglaublicher Duft. Vergeblich versuchte er, ihn zu analysieren, und schlief mit dem Gedanken ein, dass er irgendwie harzig-frisch war – leicht und intensiv zugleich.

Am nächsten Morgen fütterte er Arrow früher als sonst und fächelte sich ein wenig Luft zu, aber der Geruch hatte sich verflüchtigt. Während er nachmittags in der Bibliothek über Aktienrückkauf und Kapitalverwässerung brütete, schwebte immer wieder die Erinnerung an den Duft durch seine Gedanken. Nur eine Frau mit Geschmack und Stil trug ein solches Parfum. Es unterstrich ihre Persönlichkeit, war sozusagen ihr Markenzeichen. Er war sich sicher. Eine Frau, die ein solches Parfum auflegte, wusste genau, was zu ihr passte.

Er fotokopierte einige Seiten seiner Bücher und schnupperte dabei unauffällig in Richtung der zwei Kommilitoninnen am Kopierer neben ihm. Deren Parfums rochen absolut langweilig. Aus den Augenwinkeln taxierte er die größere und blondere der beiden; die hätte er normalerweise nicht von der Bettkante geschubst. Er schlenderte grinsend zur Buchausgabe, schob seine Bücher über den Tresen und ließ sich die *Grundlagen der BWL* reservieren. Während er den Bestellzettel ausfüllte und *Band 3 – Die Finanzen* dazuschrieb, umwehte ihn der damenhafte Duft der Bibliothekarin.

Beschwingt warf er sich den Rucksack über die Schulter und radelte nach Hause. Er stapelte seine Bücher auf dem Wohnzimmertisch und ließ das Notebook hochfahren. Bevor er sich einen Espresso machte, sah er sich nach Arrow um, fand die Katze aber nicht. Hatte er sie rausgelassen, als er morgens zur Uni geradelt war? Er ging ins Arbeitszimmer hoch. Arrow war weder auf dem Computerstuhl noch im Fotokarton.

Er las und blickte wieder und wieder im Wohnzimmer umher, als würde Arrow jeden Moment auftauchen. Die Nachmittagssonne wanderte träge durchs Zimmer. Und irgendwann lag Arrow plötzlich da, neben dem Sessel. Sie wälzte sich auf dem Teppich, streckte die Pfoten weit von sich und gähnte. Tom öffnete die Terrassentür, Arrow drückte sich an ihm vorbei.

»Willst du raus?«, fragte er überflüssigerweise. Die Katze schenkte ihm keine Beachtung, und er sah ihr nach, als sie am Gartenende zwischen meterhohem Farn verschwand.

Die Frau ist schwarzhaarig, dachte er. Er war absolut sicher.

Es dunkelte und Arrow kam etwas früher zurück als

sonst. Er beugte sich zu der Katze hinunter, tatsächlich trug sie wieder diesen berauschenden Duft, noch intensiver als am Abend zuvor. Er schüttete Arrow Trockenfutter in den Napf, für die Nacht, und setzte sich vor sein Notebook. Wenige Minuten später aber schlenderte er noch einmal zu Arrow in die Küche, strich ihr übers Fell und wischte sich die Hand am T-Shirt ab.

Am nächsten Tag fuhr Tom nicht zur Uni. Er verteilte seine Unterlagen auf Terrassentisch und Gartenstühlen, vielleicht konnte er sehen, aus welcher Richtung Arrow kam. Er fuhr das Notebook hoch, um nachzulesen, was er gestern im Seminar zum Finanz- und Rechnungswesen notiert hatte. Wie schon seit Tagen öffneten sich die Programme mit schneckenartiger Geschwindigkeit. Als Allererstes sollte er endlich den riesigen Ordner mit Partybildern vom letzten Sommer löschen. Das hatte er schon lange tun wollen. Er klickte durch einige Bilder und glaubte bei der einen blonden Schönheit auf der schummrigen Tanzfläche zuerst, es sei Christina. Bis ihm auffiel, dass er die Partys verwechselte, es war Daniela. Die war sogar noch schlimmer. Daniela und ihr penetrantes Deo. Warum musste er nur dauernd auf solche Schnepfen abfahren? Er schloss die Bilder und schickte den kompletten Ordner ins Datennirwana.

Eine Weile schlenderte er über den Rasen, spähte in die Nachbargärten und kehrte dann zu seinem Notebook zurück, scrollte jedoch nur lustlos durch die Aufzeichnungen. Die Frau, von der das Parfum der Katze stammte, war stark und selbstständig. Sie war schlank, aber nicht dünn, elegant mit fließenden Bewegungen. Sie legte nur sparsam Make-up auf, eine Frau mit einem solchen Parfum wirkte einfach durch ihre Erscheinung. Auch ihr Ausschnitt war verführerisch, aber nicht zu tief. Wahrscheinlich war sie vier, fünf Jahre älter als er selbst. Spannend. Er konnte sogar ihr Lächeln vor sich sehen …

Was für ein Unsinn! Tom sprang auf und schüttelte den Kopf, als könne er auf diese Weise den Gedanken an die Frau und ihr Parfum loswerden. In der Küche brühte er sich einen Espresso, und als er mit der dampfenden Tasse auf die Terrasse hinaustrat, war Arrow da, sie lag auf den Steinplatten vor dem großen Fenster und leckte sich die Vorderpfoten. Tom hockte sich neben sie und starrte auf seine Unterlagen, unfähig sich zu erheben. Er musste herausfinden, wer diese schwarzhaarige, starke, begehrenswerte Frau war, sonst würde er sich nicht mehr auf seine Arbeit konzentrieren können.

In der Abenddämmerung ging er Arrow auf der Straße nach. Die Katze machte ihrem Namen alle Ehre. Als sie Tom hinter sich sah, stieß sie ein paar meckernde Laute aus, rannte in einen Vorgarten und verschwand unter einem Rhododendron. »Arrow«, rief er ein paarmal halblaut, aber vergeblich.

Während seines Marketingseminars am Tag darauf googelte er nach Informationen über Katzen. Bei Wikipedia las er, dass Katzen den Schwanz hoben, wenn sie wollten, dass ein Mensch ihnen folgte. Arrow hob nie den Schwanz. Auf dem Heimweg kaufte er in einem

Laden für Tiernahrung das teuerste Katzenfutter, das er finden konnte. Er schüttete so viel davon in Arrows Napf, dass es über den Rand auf den Terrakottaboden fiel. Arrow schnupperte nur kurz daran und leckte stattdessen an einem angetrockneten Futterrest neben der Spüle. Erst gegen Abend ließ sie sich herab, ein paar Bröckchen des teuren Futters zu vertilgen.

Aber weder an diesem noch einem der nächsten Tage schaffte Tom es, Arrow zu folgen. Wenn die Katze mit hängendem Schwanz in einen Garten lief, wartete er nur kurz. In dieser Siedlung aus Einfamilienhäusern, in der er noch unbekannt war, mochte er nicht ziellos herumstehen. Manchmal hatte er das Gefühl, dass ihn hinter den Gardinen Nachbarn beobachteten, dann kehrte er gleich nach Hause zurück.

Warum tat die Katze nicht, was er wollte? Einmal kratzte Arrow abends an der Scheibe der Terrassentür, schlich herein und ließ sich auf der anderen Seite des Wohnzimmers auf den Dielen nieder. Tom räumte seine Papiere von einem der Sessel und patschte mit der Hand auf die Sitzfläche. »Na, komm. Komm her.« Arrow rührte sich nicht. Tom öffnete ein Buch und las zwei Absätze, ging dann zu Arrow hinüber, kniete sich neben sie und streichelte ihren Kopf. Sie erhob sich, putzte sich eine Weile auf der Schwelle zum Flur und kurz darauf hörte er, wie sie die Treppe zum Arbeitszimmer hinauftappte.

Die Tage begannen wieder kürzer zu werden, und auch

wenn Arrow immer seltener nach Parfum duftete, war für sie und Tom der gemeinsame Spaziergang zu einem abendlichen Ritual geworden. Mittlerweile grüßten ihn einige Nachbarn. Seine Vorstellung von der Frau verblasste mehr und mehr.

Eine Nachbarin vom Ende der Straße sprach ihn an: »Gehen Sie mit Ihrer Katze spazieren? So was hab ich ja noch nie gesehen.« Arrow schnupperte an Toms Hand und sprang über einen Zaun. »Nur solange sie Lust hat«, sagte er. »Irgendwann verschwindet sie.« – »Sie wohnen in dem Haus von dem Fotografen, nicht wahr?« Tom nickte freundlich und sie schwatzten, bis Arrow wieder auftauchte. Dann lief sie mit hochgerecktem Schwanz vor ihm her nach Hause, es dunkelte bereits und Tom dachte, dass er sich statt Kaffee lieber Tee kochen sollte.

Als er, den Becher in der Hand, ins Wohnzimmer trat, sah er schon von der Tür aus, dass Arrow auf dem Sofa lag, bräsig und breit. Die Katze streckte alle viere von sich. Tom quetschte sich neben sie, griff mit verhaltenen Bewegungen nach seinen Papieren und wagte es, sacht über den Katzenrücken zu streicheln. Nach einem Weilchen machte Arrow ein leises, knatterndes Geräusch. Seit seiner Kindheit war Tom keinem Tier mehr so nahegekommen, aber er wusste dennoch sofort, was es war: Arrow schnurrte. Vorsichtig legte er sein Ohr auf Arrows Rücken, hörte sie atmen und sogar ihr Herz schlagen. Er ließ eine Hand auf dem weichwarmen Fell ruhen und öffnete sein Buch. Tom begann leise zu summen.

Duftwasser

Gudrun Büchler

Ich liebe dieses Haus. Ehrlich! Ein Wasserschaden mehr oder weniger wird meine Liebe nicht trüben. Ich sehe das so: Was in einer guten Ehe ab und an ein Streit bedeutet, ist für ein Wohnhaus und seine Eigentümer eben ein regelmäßiges Gebrechen. Bloß nichts und niemanden je selbstverständlich nehmen. Das gilt für den geliebten Partner, die trockenen vier Wände und das Einvernehmen mit den Nachbarn.

Jetzt ist es also ein Wasserschaden, den mir das Haus beschert. Der letzte ist schließlich verjährt, da will es sich in Erinnerung rufen. Bald gebe ich ihm einen Namen, dem Haus, das sage ich Ihnen. Einen typisch schweizerischen vielleicht. Beat zum Beispiel. Beat, das Haus mit den Vorfahren aus dem Emmental: hervorragend und löchrig zugleich.

Begonnen hat es dieses Mal mit einem klitzekleinen Wasserfleck im Badezimmer. Ich gebe zu, ich ignorierte ihn anfangs. Zu diesem Zeitpunkt hatte ich nämlich alle

Hände voll damit zu tun, endlich wieder einen Mann für ein brauchbares Beziehungsleben zu finden. Doch dies ist eine andere Geschichte, und weder der wachsende Fleck in meinem Bad konnte dazu beitragen noch das plötzliche Interesse jener Nachbarin, die mich und das Haus damit schikanierte, nachts in der Waschküche ihre Bettwäsche trocken zu schleudern.

»Sie«, sagte die Nachbarin eines Morgens, als ich über der Post vor dem Briefkasten meditierte, »bei Ihnen rinnt was.«

Ich griff mir an die Nase.

»Im Gang unter Ihnen.« Sie legte den Kopf schief. »Sie wissen schon, direkt vor der Wohnungstür vom Herrn Dr. Schuster, da ist ein Fleck an der Decke.«

Ich hatte zwar keinen Schimmer, was die Nachbarin in diesem Gang zu suchen hatte, wohnte sie doch in der anderen Haushälfte. »Danke, ich schaue es mir an«, erwiderte ich dennoch und schloss die Briefkastentür.

»Das müssen Sie melden, das wissen Sie eh«, setzte die Nachbarin nach.

»Auch Ihnen einen schönen Tag.« Etwas Besseres fiel mir auf die Schnelle nicht ein.

Als ich am Abend in die Wohnung kam, saß eine grauweiß gescheckte Katze auf dem Fensterbrett des Badezimmers. Das Mondlicht schien über die Äste der Platane herein und auf das Katzenfell; beides ähnlich schattiert wie der Fleck an der Wand, der zusehends wuchs. Nichts davon hätte mich aus der Ruhe gebracht.

Wenn es nur nicht nach feuchtem Verputz gerochen hätte, fast schon modrig. Ich riss alle Fenster auf, tupfte mir meine Zedernholz-Limetten-Duftmischung auf die Schläfen, streichelte die Katze und rief den Installateur an.

Um 07:00 Uhr am nächsten Morgen klopfte er erst an meine Wohnungstür, dann an alle Wände, die ihm begegneten.

»Schwierig«, sagte er. »Da müssen wir stemmen.«

»Erklären Sie Ihrem Handwerker, dass er die Mittagsruhe zwischen 12:00 und 14:00 Uhr einhalten muss.« Mit diesem Willkommensgruß empfing mich am Abend die Nachbarin, als ich nach einem abgearbeiteten Terminkalender voller Besprechungen die Eingangstür öffnete.

Die gescheckte Katze huschte zwischen meinen Beinen hindurch in den Gang.

»Und das Vieh muss draußen bleiben. Sie kennen doch die Hausordnung.«

Ich nickte. Alles, was mir für diesen Tag an Worten zur Verfügung gestanden hatte, war in den Verhandlungen benötigt worden und in den stillen Gebeten, eine gebrauchsfähige Badewanne vorzufinden.

Mit etwas mehr Sensationslust in den Genen hätte ich dem Krater, den ein Meteor in meinem Badezimmer hinterlassen haben musste, etwas abgewinnen können. So jedoch stand ich zwischen Fliesenscherben, Putzlappen und Betonbrocken und -staub und starrte auf den Zettel mit der krakeligen Handschrift: *Badezimmer nicht benützen. Komme morgen um 07:00.*

Es kratzte an der Tür.

Ich ließ die Katze herein und putzte mir die Zähne in der Küche. Gegen den Staubgeruch träufelte ich reichlich von der Zedern-Limettenmischung auf ein Taschentuch und Lavendelöl für die Nerven dazu. Das Tuch hielt ich der Katze und mir abwechselnd unter die Nase, während wir uns den Inhalt einer Fischkonserve teilten. Wie schnell einem doch die Lust aufs Kochen vergeht, wenn man sich nach dem Mahl nicht mit einem Glas Rotwein in die Badewanne zurückziehen kann. Immerhin wurden wir über unseren Geruchssinn in südliche Gefilde entführt, es roch nach Sommer und Meer und allem, was eben so dazugehört.

Die Katze schien meine Bedürftigkeit zu erkennen und rollte sich für die Nacht auf dem seit Monaten unbenützten zweiten Kopfkissen in meinem Bett zusammen.

»Sie wohnen nun mal in der billig gebauten Hälfte«, konstatierte die Nachbarin am nächsten Morgen, als sie mich beim Verlassen des Hauses abfing. »Auf meiner Seite hat es solche Probleme noch nie gegeben.« Sie rümpfte die Nase, als röche mein Kostüm bereits nach Moder. Oder nach Katze? »Aber ich kann mich erinnern«, setzte sie nach. »Sie wollten ja unbedingt eine von den oberen Wohnungen beziehen. Das haben Sie jetzt davon. Mit mehr Genügsamkeit hätten Sie die kleine, freie neben mir auf der besseren Seite gekauft. Dann hätten Sie den Schaden nicht.«

»Ich muss leider …«, sagte ich und zeigte mit dem Finger zur Haustür hinaus, wo mein Auto wartete, für die Fahrt ins Büro, zu den nächsten Terminen …

»Wir finden die Ursache nicht«, brummte der Installateur ins Telefon, als ich ihn in der Mittagspause anrief. »Wasser ist heimtückisch«, sagte er, »und es kann auch aus der Wohnung über Ihnen kommen. Oder von rechts daneben oder links. Wir müssen sehen. Wasser findet immer einen Weg, wissen Sie?«

»Wie lange …?« Aber da hatte er schon aufgelegt. Wenigstens brauchte ich mich nicht schuldig gegenüber den anderen Nachbarn zu fühlen. Meine Badewanne war stubenrein, hatte der Professionist attestiert.

Als ich am Abend die Wohnung aufsperrte, schlug mir der Geruch von Beton und metallischer Feuchte entgegen. So also roch ein verwundetes Haus, dachte ich und steckte die Nase in die Beuge meines Ellenbogens. Im Badezimmer waren Staub und Betonbrocken in eine Ecke gekehrt. *Baden möglich*, stand auf der Rückseite des Zettels vom Vortag.

Ich stieg aus dem Kostüm, ließ den Rock an Ort und Stelle fallen. Ausnahmezustand, beschloss ich. Verputz knirschte unter meinen Fußsohlen auf dem Parkett. Ich kramte den Lippenstift aus der Handtasche und malte eine Tulpe auf den Holzboden und einen Schmetterling.

Warum sollten immer nur Handwerker Sauereien anrichten dürfen?

Das Wasser trommelte in die Wanne. Fast ging mir die Katze ab. Ich schüttete das restliche Zedern-Limetten-Parfum in das heiße Wasser, dazu einen guten Schuss Lavendelöl für die Nerven und eine halbe Flasche Laphroaig. Wenn ich die Menge Whisky getrunken hätte, nach der mir war, hätte ich vom Badegenuss nichts mehr gehabt. So aber wollte ich mich langsam von den Düften und Dämpfen hinfort …

… ich fror, das Badewasser war kalt und durch das Fenster krochen die Nacht, blasses Mondlicht und die Silhouette einer Katze. »Warum hast du mich nicht geweckt?«, fragte ich sie, aber ihr war es für eine Unterhaltung wohl zu spät.

»Sie wollen jetzt über Ihnen die Zuleitungen freistemmen, haben sie gesagt.«

Wäre ich stets zu denselben Zeiten im Haus ein- und ausgegangen, hätte ich die Nachbarin verdächtigt, auf mich zu warten.

»Das wird mächtig laut werden. Sie wollen auch das Wochenende durcharbeiten, haben sie gesagt. Schließlich ist es ein Notfall.«

Erstmals blickte ich die Nachbarin direkt an und sah in wasserblaue Augen. Irgendwie roch sie nach Laphroaig, schien mir.

»Auf meiner Seite duftet es seit Neuestem sogar.« Sie

reckte mir ihr Kinn entgegen. »Nach Lavendel. Und nach Zitronenschnaps oder so.«

Wasser findet also immer einen Weg, dachte ich und nickte. »Genießen Sie den Duft so lange wie möglich«, sagte ich zu ihr. »Lavendel ist gut für die Nerven.«

L' Odeur de Paris

Sabine Fink

»Antoinette! Antoinette! So warten Sie doch!«

Die Rockschöße des leicht untersetzten Mannes flatterten aufgeregt, als er mit kurzen Tippelschritten der Frau im Tournürenkleid hinterhereilte. Er riss sich den Zylinder herunter, der vom Kopf zu fallen drohte, und lockerte mit dem Zeigefinger seinen Vatermörderkragen.

»Antoinette! Ich bitte Sie! Nehmen Sie es sich doch nicht so zu Herzen. Ich will Ihnen nur eine Blamage ersparen.«

Kurzatmig blieb er stehen, während lindgrüne Schleppe und Sonnenschirm noch einmal zwischen den Menschen und Kutschen aufleuchteten und schließlich im täglichen Getümmel der Rue Auber verschwanden.

Leise ergänzte der Mann: »Wirklich unendlich schade, dass Mademoiselle Bellier Sie ersetzen wird.«

Mit einem Taschentuch fuhr er sich über die Stirn, bevor er den Zylinder wieder auf seinen Kopf drückte.

»Wirklich sehr schade, dass Ihre Stimme ausgerechnet jetzt ihre Klarheit verloren hat, Mademoiselle d'Aznavour.« Er drehte sich auf dem Absatz um und verschwand in Richtung Opéra Garnier.

Quentin, der die ganze Zeit von einer wartenden Kutsche verdeckt worden war, sah dem Mann nach. Einige Minuten blieb er noch stehen, dann lief auch er davon.

Es dämmerte bereits, als Quentin den kleinen Hinterhof in der Rue de la Sourdière betrat. Seit mehr als einer Stunde war er unterwegs. Dort drüben musste es sein. Kurz nachdem er an die hölzerne Tür geklopft hatte, öffnete ein Mann mittleren Alters. Sein spitzes Gesicht war blass und seine dunklen Augen musterten den Zwölfjährigen von Kopf bis Fuß.

»Ja?«

Quentin versuchte, sich seine Nervosität nicht anmerken zu lassen. »Monsieur Cabaillès?«, fragte er höflich.

Sein Gegenüber nickte knapp. »Der bin ich. Was willst du?«

»Ich brauche Ihre Hilfe, Monsieur«, sagte Quentin.

Cabaillès lächelte schmallippig. »Meine Hilfe? Hör zu, Junge. Ich kenne dich nicht. Und meine Zeit ist zu kostbar, als dass ich sie an einen dahergelaufenen Rumtreiber verschwenden würde. Geh woanders betteln.« Die Tür knallte zu.

Quentin schluckte, doch er riss sich zusammen. Er

klopfte noch einmal. »Ich bin kein dahergelaufener Rumtreiber, Monsieur«, rief er. Es dauerte einige Sekunden, doch dann öffnete sich die Tür wieder.

»Ach?« Cabaillès hob seine schmalen Brauen und warf einen vielsagenden Blick auf Quentins Kleidung, die etwas zu klein und schon häufig geflickt worden war.

»Ich arbeite als Botenjunge«, erklärte Quentin nicht ohne Stolz.

»Und wer schickt dich zu mir?«

Quentin knetete seine Hände. »Niemand«, gab er zu. »Ich komme zu Ihnen, weil …«

»Weil? Lass dir nicht jedes Wort aus der Nase ziehen! Ich sagte doch, meine Zeit ist kostbar.« Cabaillès wirkte ungeduldig.

Quentin holte tief Luft. »Mademoiselle d'Aznavour wird bald nicht mehr an der Opéra Garnier singen.«

Cabaillès' Miene war ausdruckslos. »Wie ist dein Name?«

»Quentin, Monsieur.« Er sah Cabaillès mit großen Augen an. »Bitte, Monsieur. Hören Sie mich wenigstens an. Ihnen liegt doch auch etwas an Mademoiselle d'Aznavour.«

Cabaillès zuckte beinahe unmerklich zusammen. »Wer behauptet das?«

Quentin lächelte schwach. »Ich sah Sie schon oft oben auf der Galerie, wenn Mademoiselle sang. Und Henri, der Beleuchter, erzählte mir irgendwann einmal, wer Sie sind. Und da dachte ich nun, dass Sie …« Er stockte.

»Was willst du?«, unterbrach ihn Caballès unwirsch.

»Nächste Woche soll dieses Thea… Thea… «

»Theatrophon«, half Caballès. »Die Aufführung von Rigoletto wird nach Brüssel übertragen. Ich habe davon gehört.«

Quentin nickte. »Und Mademoiselle wird nicht singen. Vielleicht nie mehr.«

»Woher weißt du das?«, fragte Caballès immer noch misstrauisch.

Verstohlen sah sich Quentin um. Dann senkte er die Stimme. »Der Direktor – Monsieur Clémont – ist heimlich mit Mademoiselle Bellier liiert. Aber ich habe sie zusammen gesehen. Obwohl ich glaube, dass Mademoiselle Bellier … sie tut das nicht, weil sie Monsieur Clémont mag.« Quentin schnaubte abfällig.

Ein kleines Lächeln huschte über Caballès' Lippen. »Und was macht dich da so sicher?«

»So etwas sieht man doch, Monsieur!«, behauptete Quentin.

Jetzt lachte Caballès. »Junge, selbst wenn es stimmt, was du sagst, weiß ich immer noch nicht, was du von mir willst.«

Quentin zog einen Flakon aus seiner Tasche und hielt ihn hoch. »Das ist das Parfum, das Mademoiselle benutzt.«

Caballès' Miene hatte jeden Ausdruck von Heiterkeit verloren. »Hast du es gestohlen?«, fragte er scharf und nahm es ihm aus der Hand.

»Ja. Nein. Ich gebe es natürlich zurück«, beeilte sich

Quentin zu erklären. »Mademoiselle benutzt das Parfum erst seit Kurzem. Monsieur Clémont hat es ihr geschenkt! Und ich glaube …«, unsicher suchte Quentin nach Worten, »… ich glaube … könnte es nicht sein, dass ihre Stimme …«

Cabaillès legte seinen Kopf schief. »Du glaubst, dass in diesem Parfum etwas enthalten ist, was Mademoiselle d'Aznavours Stimme beeinträchtigt?« Er sagte das weder ungläubig, noch schien ihn eine solche Vermutung zu überraschen.

»Ja, Monsieur«, antwortete Quentin.

»Komm mit.«

Während Cabaillès voranging, erzählte Quentin: »Kürzlich musste ich für Mademoiselle einen Botengang erledigen. Als ich am Markt vorbeikam, hörte ich zufällig, wie eine Dame zu einer anderen sagte, dass sie einen ganzen Tag im Rosengarten gearbeitet habe und sie sich deswegen ständig räuspern müsse. Sie sei da sehr empfindlich, aber das gehe bald wieder vorbei. Und dann fiel mir ein, dass Mademoiselle d'Aznavour darauf besteht, keine Blumen in ihrer Garderobe zu haben.«

»Tatsächlich?«

»Ja, Monsieur. Und dann dachte ich an ihr Parfum. Es riecht nach Blumen, auch wenn ich nicht sagen kann, nach welchen.«

Sie betraten einen Raum. Staunend blieb Quentin im Türrahmen stehen. Ein halbes Dutzend schmale Regale ragte treppenförmig in die Höhe. In Reih und Glied waren dort unzählige Behälter aus dunklem Glas angeordnet, jeder einzelne mit einem Etikett versehen und akkurat beschriftet. Auf dem Tisch stand eine Waage mit winzigen Gewichten. Glasröhrchen steckten in schlanken Behältern. Daneben ein Stapel Papier, bedeckt mit einer ordentlichen Handschrift. Eine gespitzte Feder lag vor einem Tintenfass.

»Nichts anfassen«, mahnte Caballès.

Vorsichtshalber verschränkte Quentin seine Arme auf dem Rücken, als er den Raum betrat, um gar nicht erst in Versuchung zu geraten, das eine oder andere zu berühren.

»Was ist das?«, fragte er.

»Meine Parfumorgel.« Caballès' Stimme klang sanft, beinahe liebevoll. »Sie ist mein Instrument. Ein Parfum ist eine vielstimmige Melodie, eine Partitur. Mit ihr komponiere ich meine Düfte, Akkord für Akkord. Wie Musik, wie Verse – bis ich etwas geschaffen habe, das in allen Nuancen miteinander harmoniert. Und mit ihr kann ich auch die Werke anderer entschlüsseln. Ihnen ihr Geheimnis entreißen – Takt für Takt, Note für Note.« Der Parfümeur zog sich einen hölzernen Stuhl heran und öffnete den Flakon von Mademoiselle d'Aznavour.

Fasziniert beobachtete Quentin, wie er zu Werke ging. Immer wieder sog er den Duft des Parfums ein, nahm Fläschchen aus dem Regal. Er roch hier, schnupperte da, stellte etwas zurück, griff nach etwas anderem. Am Ende hatte er mehrere Essenzen auf dem Tisch versammelt.

Er winkte Quentin zu sich. »Finde heraus, welche dieser Aromen in dem Parfum enthalten sind.«

Quentin riss die Augen auf. »Ich?«

Caballès überließ dem Jungen seinen Stuhl und klopfte ihm ermutigend auf die Schulter. »Versuch es. Es ist nicht schwer.«

Zweifelnd verzog Quentin das Gesicht. Er rieb sich über die Nase, rutschte auf dem Stuhl herum und streckte schließlich zögernd die Hand nach dem Flakon aus.

Zu Anfang überwältigte ihn der schwere, intensive Duft des Parfums geradezu. Nicht anders erging es ihm, als er an den Essenzen schnupperte. Er brauchte einige Minuten, bis er überhaupt in der Lage war, Besonderheiten zu entdecken oder Einzelheiten zu unterscheiden.

»Ich weiß nicht, ob es stimmt«, sagte er, als er das letzte Fläschchen zu drei anderen auf der linken Seite des Tisches stellte. »Diese beiden hier«, er deutete nach rechts. »Und diese«, er deutete nach links, »sind nicht darin – glaube ich zumindest. Und bei diesen hier«, er tippte zwei Behälter in der Tischmitte an, »bin ich mir nicht sicher. Tut mir leid, Monsieur, aber besser kann ich es nicht.«

Caballès, der ihn die ganze Zeit genau beobachtet hatte, nahm ein Fläschchen aus der Mitte. »Das ist eine Kunst, die viel Übung erfordert, Quentin. Du hast es gut gemacht. In dem Flakon hier ist übrigens *Polianthes tuberosa* – die Nachthyazinthe. Aus ihr gewinnt man eines der kostbarsten und teuersten Öle, die es gibt.« Er stellte es nach rechts. »Natürlich besteht das Parfum noch aus vielen anderen Ingredienzien, aber diese drei sind darin. Bergamotte ist unkritisch, aber Rose und Nachthyazinthe könnten Mademoiselle d'Aznavour Probleme bereiten. Wohlgemerkt – könnten! Denn nicht jeder ist gleichermaßen empfindlich, aber bisweilen schleichen sich für manche Menschen Disharmonien in ein ansonsten perfektes Arrangement ein.«

Quentin grinste plötzlich von einem Ohr zum anderen. »Also glauben Sie mir, Monsieur?«

Caballès lachte leise. »Natürlich tue ich das. Düfte können Dinge bewirken, die du dir in deinen kühnsten Träumen nicht vorstellen kannst. Aber gestatte mir eine Frage, Quentin – warum tust du das für Mademoiselle d'Aznavour?«

»Mademoiselle ist freundlich zu mir«, antwortete Quentin schlicht. »Und Henri lässt mich manchmal heimlich zuhören. Sie singt wunderbar.«

»Manchmal?«, fragte Caballès und hob seine Brauen. Quentin wurde rot.

Der Parfümeur öffnete einen Schrank, der eine große Anzahl unterschiedlicher Flakons enthielt. Suchend fuhr er mit den Fingerspitzen über die Fläschchen. Schließlich entkorkte er eines und schnupperte. Er schüttelte jedoch den Kopf und stellte es wieder zurück, um ein anderes zu nehmen. Es dauerte eine Weile, dann nickte er.

»Vergleiche«, wies er Quentin knapp an und reichte ihm den Flakon.

Quentin tat, wie ihm geheißen, und runzelte die

Stirn. »Ziemlich ähnlich«, befand er. »Aber nicht gleich. Dieser hier – der von Ihnen – ist nicht so ... schwer?« Er hob fragend die Stimme.

Caballès nickte. »Ich könnte das Parfum austauschen und du stellst den Flakon zurück. Möglicherweise wird Mademoiselle d'Aznavour es nicht einmal bemerken. Falls es tatsächlich daran lag, dann wird sich ihre Stimme innerhalb sehr kurzer Zeit erholen.«

»Aber sollten wir Mademoiselle nicht wenigstens sagen, dass ...«

»Das werden wir nicht«, unterbrach Caballès ihn. »Sobald sie wieder singen kann, wird sich alles finden.«

»Ich habe doch gehört, wie Monsieur Clémont gesagt hat ...«

»Monsieur Clémont wird keinen Grund mehr haben, Mademoiselle d'Aznavour ihre Auftritte zu versagen. Wir werden es genauso machen, wie ich gesagt habe.« Caballès klang nicht so, als würde er Widerspruch dulden.

»Ja, Monsieur«, murmelte Quentin.

Als der Parfümeur Quentin den Flakon mit dem ausgetauschten Parfum überreichte, sagte er freundlich: »Komm wieder, wenn du glaubst, dass es nichts nützt.« Er öffnete die Tür.

Quentin seufzte ergeben. »Vielen Dank, Monsieur – und gute Nacht.«

Kurz vor Ende des letzten Aktes schlüpfte Quentin auf den obersten Rang. Wie immer saß Caballès in der hintersten Reihe. »Ich habe gehört, dass Mademoiselle Bellier außer sich war«, flüsterte Quentin ihm von hinten zu. »Angeblich hat sie Monsieur Clémont einen Laufpass gegeben, weil sie nicht singen durfte.«

Antoinette d'Aznavour legte gerade ihre ganze Hingabe in Gildas mitreißende Klage. Cabaillès beobachtete jede ihrer Bewegungen.

»Wenn Sie wollen, dann führe ich Sie nach der Aufführung zu der Garderobe von Mademoiselle«, fügte Quentin hinzu.

Es dauerte lange, bis Cabaillès antwortete. »Nein«, sagte er.

»Aber warum nicht, Monsieur? Erzählen Sie ihr doch wenigstens jetzt, was Sie getan haben. Vielleicht – nein, bestimmt redet Sie mit Ihnen.«

Wieder verstrichen einige Minuten. Dann sah Cabaillès Quentin an. »Nein«, wiederholte er und fügte nach einer kurzen Pause hinzu: »Ich brauche einen Lehrjungen. Hast du Interesse?«

Quentin starrte den Parfümeur an, der sich schon wieder dem Geschehen auf der Bühne zugewandte hatte. Er zögerte.

»Ja, das habe ich«, sagte er endlich.

Mit einer knappen Geste deutete Cabaillès auf den leeren Platz neben sich. Langsam ließ der Junge sich neben dem Parfümeur nieder. Auf der Bühne starb Gilda in den Armen Rigolettos. Quentin lehnte sich zurück, um den harmonischen Klängen zu lauschen, bevor rauschender Beifall einsetzte.

Alles schwingt

Gudrun Büchler

Auch an diesem Morgen schloss Lilo die Tür ihres Ladens auf und trat vor das Geschäft. Es roch nach feuchtem Asphalt und – Lilo lächelte – nach Flieder.

Sie verharrte einen Augenblick. Dann zog sie sich wieder zurück, trat die Stufen in den Verkaufsraum hinunter und ging das Regal mit den Glasbehältern voller Blütenblätter entlang und an den Schüsseln mit getrockneten Beeren und Samenkernen und den Flakons, in denen Essenzen aus aller Welt auf Menschen warteten, die zu ihnen passten.

Hinter der Theke angekommen, legte sie ein neues Farbband in die Rechenmaschine, füllte Wasser in die Vase mit den purpurnen Nelken und öffnete das Fenster. Der Fliederduft zog an ihrer Nase vorbei herein. Die Ladentür wurde geöffnet.

Wie immer beugte Lilo sich in so einem Moment über den Block mit der tagein, tagaus selben Liste von Dingen, die man für ein Geschäft wie ihres brauchen konnte. Sie zog die Stirn kraus und die Nase und nützte die Zeit, die der Kunde ihr lassen würde, um sie in ihrer vermeintlichen Konzentration auf die Liste nicht zu stören. Tatsächlich konzentrierte sie sich jedoch auf das Aroma dieses Menschen.

Sie blickte auf. »Landluft«, sagte sie und lächelte. »Sie brauchen dringend einen Hauch von Apfelblüte, Sonnenblumen und frisch geschnittenem Heu. Stimmt es?«

»Kann es ein südlicheres Land sein?« Auch der Mann lächelte, hörte Lilo.

»Wie südlich? Zitrone reicht? Oder soll es Papaya sein?«

»Sagen Sie es mir.«

Der Mann hatte eben erst Kaffee getrunken, roch Lilo und richtete ihr Gesicht nach dieser Duftspur aus.

»Zitrone.« Sie stockte. »Nein, Orange und sonnenwarmer Kalkstein. Wilder Thymian und am Stock rosinierte Trauben.«

»Das reicht.« Er lachte. »Ich dachte, hier bekomme ich nur einen passenden Duft und nicht gleich Fernweh. Womöglich auch gleich das richtige Reisearrangement?«

»Jeder Duft ist bereits eine Reise, finden Sie nicht?«

»Woher wissen Sie, dass ich italienische Wurzeln habe?«

Lilo tippte sich auf die Nase. »Ich habe einen Riecher dafür.«

»Und wenn ich einen Duft für meine Freundin haben will? Was müssen Sie über sie wissen?«

»Ihren Namen.«

Der Mann stutzte.

»Der Vorname reicht.«

»Christine.«

Lilo senkte die Augen auf die tagtägliche Liste und Minze fiel ihr ein. »Pfefferminze«, sagte sie, und bevor sie weiter nachdachte, »und Honig«.

»Klingt nach einem Hustenbonbon.«

»Ist Ihre Freundin denn nicht erkältet?«

»Woher …?«

Lilo tippte sich wieder an die Nase.

»… das glaube ich Ihnen nicht. Wie funktioniert dieser Trick?«

»Es ist kein Trick.«

Sie spürte, dass dem Mann das Lächeln aus dem Gesicht gewichen war. »Verzeihen Sie«, sagte Lilo, »ich wollte Ihnen nicht zu nahetreten. Aber manchmal spreche ich schneller, als ich denke.« Sie zuckte mit den Schultern. »Sie wissen, dass Ihre Freundin krank ist, verstehen Sie? Und wenn Sie an Christine denken, dann kommt diese Information automatisch mit. Es gibt keinen Trick, nur Quantenphysik, wenn Sie so wollen, und wache Sensoren.«

»Sie wollen mir erklären, dass Sie meine Gedanken …?«

»Nicht die Gedanken. Alles ist Energie, alles schwingt.« Lilo hielt inne, wartete. »Sie haben aufgehört zu lächeln, richtig?«, fragte sie vorsichtig. »Ich sehe Sie nicht, aber ich spüre Sie, Ihre Präsenz und … Ihre Energie eben.«

»Welchen Duft würden Sie Manfred zuordnen? Ein guter Freund von mir.«

Sie legte den Kopf schief. »Sie wollen mich testen.«

»Genau.«

»Ich weiß nicht, ob Sie das wirklich hören wollen …«

»Doch, sagen Sie schon.«

»Seine Basisnote war Zedernholz. Kraftvoll, sehr maskulin, durch nichts zu erschüttern war er …«

»Das reicht.« Die Stimme des Mannes schien über den Boden zu kriechen.

»Es tut mir leid.« Kurz beschlich Lilo das altbekannte Gefühl des schlechten Gewissens. Aber sie freute sich, als es genauso schnell wieder verschwand. Keiner trat zufällig in ihren Laden, so viel wusste sie nach vielen Jahren des Zweifels. »Was kann ich für Sie tun?« Sie legte die Hände auf die Theke, atmete tief aus und hoffte, ihr Gesicht und ihr Oberkörper waren dem Mann zugewandt und signalisierten, dass sie bereit war für einen Neustart.

»Eigentlich wollte ich nur ein Geschenk für Christine kaufen, einen ganz persönlichen Duft.«

Sein Blick ruhte auf Lilo, sie fühlte es und nickte.

»Aber vielleicht können Sie mir mit Mariam helfen.«

Wahrscheinlich schluckte der Mann. Lilo drückte jedenfalls etwas schwer auf die Kehle und sie stützte sich auf die Theke.

»Mariam ist Manfreds Tochter und …«

Lilo sah plötzlich das Bild eines Mädchens vor sich, das auf einem Bett hockte und aus dem Fenster starrte. Die Beine hatte es an die Brust gezogen und dazwischen eine Stoffgiraffe eingeklemmt, fest an den Körper gepresst.

»… Frau hat sich schon vor Jahren abgesetzt, nach Südafrika angeblich, hat den Kontakt zu ihrem Mann und ihrer Tochter komplett abgebrochen und …«

Im nächsten Bild sah Lilo die Kleine schaukeln. Die Schaukel hing am Ast eines Kirschbaums. Kaum ein Blatt wuchs an den Zweigen, der Baum schien tot zu sein, zumindest schwer krank, und die Kleine schaukelte und holte immer stärker Schwung, lehnte sich vor in die Seile und zurück. Wieder starrte sie in die Ferne und Lilo wusste, beim nächsten Vorschaukeln würde das Mädchen loslassen. Sobald es den Totpunkt erreichte.

»… wir haben keine Kinder, wissen Sie, wir kennen uns nicht aus, aber in ein Heim, nein, das kann ich Manfred nicht antun. Mariam spricht allerdings nicht mit uns, sie weigert sich zu essen, sie …«

»*Evernia prunastri*«, flüsterte Lilo.

»… sie klammert sich nur an diese Giraffe und starrt vor sich hin und … wie bitte?«

»Eichenmoos.«

»Ich befürchte, ich weiß nicht, was …«

»Eichenmoos«, Lilo räusperte sich, »das ist ein erdiger und holziger Ton. Er stabilisiert und vermittelt Geborgenheit. Mariam braucht Sicherheit, verstehen Sie?«

»Sicherheit.«

»Und Vanille.«

»Wofür ist Vanille gut?«

»Süße Erinnerungen an Weihnachtskekse, Geburtstagstorten, wohlig-weiche Kindertage.« Lilo sah den starren Blick des Mädchens. »Jetzt fehlt noch eine Komponente für die Zukunft, die Perspektive, Cassis, genau, Cassisblüten.« Sie hob die Hand, damit der Mann sie nicht unterbrach, mit der anderen griff sie in die Luft, als komponierte sie bereits die endgültige Mischung. »Cassisblüten schaffen Klarheit, ihr Duft heitert auf, und die zarte Süße ist eine ganz feine, weibliche Note, das Versprechen der erwachsenen Mariam an das Kind, das sie heute noch ist. Ein Versprechen, das ist es, was Mariam braucht, genau.« Erschöpft hielt Lilo inne und ließ die Hände auf die Theke sinken. Vor ihrem geistigen Auge hüpfte die Kleine von der Schaukel und schlenderte davon.

»Sind Sie noch da?«, fragte Lilo in den Raum und lächelte.

»Wow. Vor 400 Jahren wären Sie dafür verbrannt worden.«

»Loben Sie mich nicht vor dem Abend. Probieren Sie erst, ob es wirkt.«

Auch an diesem Morgen schloss Lilo die Tür ihres Ladens auf und trat vor das Geschäft. Es roch nach sonnenwarmem Asphalt und Jasmin. Sie wollte bereits die Stufen in den Verkaufsraum hinuntergehen, als eine

Duftahnung von wildem Thymian und rosinierten Trauben sie erreichte.

»Guten Morgen«, sagte der Mann, »schön Sie zu sehen.

»Schön, Sie zu riechen. Wie geht es Ihnen? Wie geht es Mariam?«

»Hier. Überzeugen Sie sich selbst.«

Lilo spürte etwas Weiches auf ihrem Unterarm. Sie griff danach und ertastete einen Plüschkörper, vier lange Beine, einen langen Hals.

»Mariam hat mir gestern ihre Giraffe gegeben. Sie braucht sie nicht mehr, hat sie gesagt.«

Lilo streichelte über die Schnauze den Kopf des Tieres hinauf, kraulte es zwischen den Ohren.

»Bodo heißt sie, die Giraffe, so wie du, sagte Mariam zu mir. Und ein Bodo, meinte sie, reiche ihr nun.«

Sie sah das Mädchen am Frühstückstisch sitzen. Eine schwangere Frau stand an ihrer Seite, goss Milch in ein Glas. »Sie werden Vater?«, fragte Lilo.

»Ja«, sagte der Mann mit weicher Stimme, »und Bodo, die Giraffe, bleibt bei Ihnen und passt auf, dass Sie nicht verbrannt werden.«

So duftet das Leben ...

»Die Natur offenbart sich hier
in ihrer ganzen Größe.
Augen und Gedanken schwelgen.
Der Dichter kann es besingen,
der Maler in reichen Bildern darstellen,
aber den Duft der Wirklichkeit,
der dem Betrachter auf ewig
in die Sinne dringt und darin bleibt,
können sie nicht wiedergeben.«

Hans Christian Andersen, 1805-1875

Morgen dufte ich nach Lakritz

Kai Riedemann

Riechst du das frisch gemähte Gras? Die Halme sind noch feucht, und du liebst es, sie zwischen den Zehen zu zerquetschen. Nein, Lisa, ich werde nicht lachen, wenn du heute Abend grüne Füße hast. Versprochen. Großes Ehrenwort!

Auch ich schließe jetzt meine Augen und atme tief ein. Da ist nicht nur das Gras. Wie beschreibt man den Geruch eines großen nassen Badelakens? Muffig? Nach warmer Waschküche? Ich sehe genau vor mir, wie du dich auf den Bauch drehst, die Nase im weichen Frottee, die Zehen weiterhin im Gras vergraben. Es riecht nach Brausepulver, natürlich mit Waldmeistergeschmack, und Sonnenöl.

Möchtest du ein Eis, Lisa? Ich könnte zum Kiosk laufen und uns Eis holen. Vanille, Erdbeere oder Schokolade? Mit den nackten Füßen über den Rasen, dann auf die heißen Steinplatten, durch die Wasserpfützen, die triefende Badegäste hinterlassen haben.

Doch am liebsten würde ich einfach hier liegen bleiben.

Deine blonden Zöpfe leuchten in der Sonne. Ich sehe das sogar mit geschlossenen Augen. Merkwürdig, erst war da nur das frisch gemähte Gras. Jetzt höre ich auch wieder den Lärm der Badeanstalt. Das Kreischen der anderen Kinder, wenn sie ins Becken springen, das stete Plätschern des Wassers. Wie eine Glocke stülpen sich die Geräusche über mich, ganz weit weg scheint das alles zu sein.

Habe ich dir schon gesagt, dass deine Haut nach Chlor riecht? Der Bademeister war heute nicht sparsam. Vielleicht möchte ich deshalb liegen bleiben. Beim Untertauchen ist mir nämlich Wasser in Ohren und Nase gelaufen, und das brennt. Ganz viel Chlor, Waldmeister-Brausepulver, Sonnenöl, nasses Badelaken, Gras.

Heute ist Sonntag, Lisa, und du hast Geburtstag. Acht Kerzen durftest du heute Morgen auspusten. An die erinnere ich mich nicht. Auch nicht an die Lakritzschnecken, die du so magst. Dafür an den Klee auf der Liegewiese. Weil er jetzt blüht, kann man die kleinen rosafarbenen Blüten auslutschen. Sie schmecken süß, fast wie Honig. Irgendwo weint ein Kind, ein Transistorradio plärrt, ein Hund bellt. Ich wusste gar nicht, dass in der Badeanstalt Hunde erlaubt sind.

Möchtest du doch ein Eis, Lisa? Oder eine Lakritzschnecke? Dein roter Badeanzug will nicht trocknen, obwohl du in der prallen Juli-Sonne liegst. Auch das sehe ich, ohne die Augen zu öffnen. Oder ich weiß es, weil du nicht nur nach Chlor und Sonnenöl riechst, sondern auch nach nassem Badeanzug.

Und plötzlich nach Chanel N° 5. Hast du dir zu viel Parfum angesprüht? Fast überdeckt es weitere Gerüche. Die nach dunkler Erde, gefallenem Herbstlaub, alten Bäumen. Die Sonne steht schon tief und wirft nur wenig Licht durch die kahlen Äste. Wie Hänsel und Gretel nehmen wir uns an die Hand. Ist das nicht verrückt, Lisa? Es riecht feucht und nach Moder und wir gehen immer tiefer in den Wald hinein und du hältst mich immer fester. Chanel N° 5. Woher ich dieses Parfum kenne? Sei nicht eifersüchtig, Lisa. Meine Mutter benutzt es, wenn sie ins Konzert will.

Neben einer umgestürzten Buche bleiben wir stehen. Ich vergrabe meine Nase in deinen blonden Haaren. Sie duften nicht nur nach Parfum, sondern auch nach einem Rest von Sommer. 16 Jahre alt bist du im Juli geworden.

Ich würde dich jetzt gerne küssen, Lisa. Hier zwischen den Herbstbäumen, wo man jederzeit auf das Hexenhaus unserer alten Märchen zu stoßen glaubt.

Irgendetwas kribbelt in meiner Nase. Nimm nie wieder dieses Parfum, Lisa! Zu schwer, zu erwachsen, zu viel Rosen, Orangen und Maiglöckchen, das passt nicht zu dir. Du hast es von deiner Mutter, nicht wahr? Ich streichele sanft über den kleinen Leberfleck an deinem Hals. Nein, dieses Parfum mag ich nicht, Lisa, aber ich werde es nie vergessen, wenn wir uns jetzt küssen. Lisa. Lisa.

Der Geruch von Desinfektionsmitteln steigt mir in die Nase. Es ist vorbei. Ich öffne die Augen und sehe dich so vor mir, wie es wehtut. Blass, zwischen viel zu weißen Laken, den Mund weit geöffnet, den Blick starr an die Decke gerichtet. Es fehlen die Schläuche und Kabel, die dich letzte Woche noch umgaben. Man kann nichts mehr tun, sagten die Ärzte. Vielleicht hast du es ja gehört, Lisa. Gehört und verstanden. Ich werde jetzt die kleinen Sprühfläschchen zurück in den Aktenkoffer packen. Die selbst gemischten Düfte nach frisch gemähtem Gras, Chlor, Waldmeister-Brausepulver, Sonnenöl, nassem Badelaken, Wiesenklee, nach Chanel N° 5, dunkler Erde, gefallenem Herbstlaub, alten Bäumen. Mit jedem Geruch kommen die Bilder zurück. Für mich und sicher auch für dich. Der helle Sommertag in der Badeanstalt, der Herbstabend im Wald. Damals habe ich dich das erste Mal geküsst. Du erinnerst dich?

Eine Lakritzschnecke wirst du nie mehr essen können, Lisa. Aber eines verspreche ich dir: Morgen dufte ich nach Lakritz.

Ende der Nacht

Thomas Hocke & Armena Kühne

Den ganzen Tag war Konstantin unterwegs gewesen. Wie üblich wollte er seinem Vater in knappen Worten eine gute Nacht wünschen. Doch dieser winkte ihn heran und Konstantin betrat die Bibliothek, in der sein Vater in den letzten Jahren beinahe jeden Abend verbracht hatte. »Morgen werden wir Gäste haben und ich möchte, dass wir gemeinsam zu Abend essen.«

»Wer ist denn so wichtig?«, fragte Konstantin.

»Setz dich«, erwiderte der Vater, wies auf einen Sessel und fuhr fort. »Helena wird uns besuchen. Sie hat eine Tochter in deinem Alter. Vielleicht werdet ihr euch gut verstehen.«

Konstantins Hände ballten sich und die Knöchel traten hervor. »Erwarte nicht, dass ich *Mutter* zu dieser Helena sage.« Seine Starre löste sich, er stand auf und verließ den Raum.

Konstantin schlug die Tür seines Zimmers hinter sich

zu, warf sich aufs Bett und vergrub für einige Sekunden den Kopf im Kissen. Dann setzte er sich auf, öffnete die Lade des Nachttischs und nahm einen kristallenen Flakon heraus. Vorsichtig drehte er den Verschluss auf und ließ etwas Flüssigkeit auf seine Hand tropfen, verrieb sie und atmete den Duft ein.

Sein Blick wanderte durchs Fenster, hinaus in die Nacht. Er faltete die Hände.

»Niemals«, murmelte er, wischte über seine Augen und sprach ein Gebet.

Schnurgerade durchzog die Straße das Land, an goldgelben Feldern vorbei und durch Waldstücke. Konstantin hatte den Helm abgenommen und der Wind berührte seine Haut, zog an seinen Haaren, als wolle er sie ausreißen. Mit einem raschen Manöver wechselte er nach links, überholte ein silberfarbenes Cabriolet so dicht, dass die Lenkerin eine Ausweichbewegung machte und für einen Moment die rechte Seitenlinie querte. Staub wirbelte auf. Das Hupsignal hörte Konstantin kaum noch. Er drehte das Gas des kleinen Motorrades bis zum Anschlag auf.

Am Abend kehrte er heim und auf dem Platz vor dem Eingang parkte das silberfarbene Cabriolet. Mit wirren Haaren betrat Konstantin das Esszimmer. Seine Haut glänzte von der Hitze über dem Asphalt.

»Zieh dich sofort um. Wir haben auf dich gewartet«, klang es verärgert durch den Raum.

Wortlos stampfte Konstantin die Treppe hinauf, zerrte ein Hemd und eine dunkle Hose aus dem Schrank und ging damit ins Bad.

Zehn Minuten später saß er am Tisch, die Lippen aufeinandergepresst. Die schlanke, dunkelhaarige Frau lächelte. Das Mädchen, das ihr sehr ähnlich sah, verzog spöttisch den Mund. Der Vater machte eine unwirsche Bewegung, doch die Frau legte ihre Hand auf seinen Arm.

Konstantin aß nur wenig. Den abschließenden Espresso trank er in einem Schluck und murmelte einen Gutenachtgruß. Er stieg die Treppe hinauf zu seinem Zimmer. Lange starrte er aus dem Fenster. Dann holte er den Flakon hervor, träufelte einige Tropfen auf seine Handfläche und verrieb sie sorgfältig. Er hielt die Handflächen vors Gesicht und schloss die Augen.

»Konstantin! Marie möchte ein wenig von der Umgebung sehen. Nimm sie bitte mit, wenn du losziehst.«

Konstantin nickte und das dunkelhaarige Mädchen folgte ihm nach draußen, wo die Sonnenstrahlen sich durchs Blattwerk der hohen Bäume schoben.

»Wir haben in eurem Gästezimmer übernachtet. Möglich, dass wir noch zwei oder drei Tage bleiben.

Finde dich damit ab. Und fahr normal, hörst du? Nicht so wie gestern.«

Konstantin zuckte mit den Schultern, ging zur Garage und öffnete das Tor. Als er zurückkehrte, trug er seinen Helm und einen zweiten unter dem Arm. Marie kletterte auf den Sozius und Konstantin nahm den Weg zur Stadt. An der Eisdiele stoppte er und setzte sich mit Marie an einen Tisch, an dem zwei Jungen Eis aus hohen Bechern löffelten.

»Hi Konsti! Heute in netter Begleitung? Willst du uns nicht mal vorstellen?«

»Wollt ihr sie übernehmen, meine nette Begleitung?«

»Über…? He, Konsti, wo willst du hin?« Verblüfft wendete sich einer der beiden Jungen an Marie: »Der ist ja heute krass drauf.«

»Heute? Willst du damit sagen, er kann sich auch benehmen?«

Das Motorrad jagte über die schnurgerade Landstraße und der Wind blies in Konstantins Gesicht. Die beiden Helme hatte er in der Gepäcktasche verstaut. Bald erreichte er das große Haus mit der Säulenfassade. Vor dem Eingang glänzte das Cabriolet in der Sonne. Er trat mit dem Fuß gegen den Vorderreifen, hielt inne, blickte sich um. Niemand war zu sehen. Er rannte durch die Halle und die Treppe hinauf.

Während des Abendessens schaute Marie unentwegt zu ihm herüber. Mit einem knappen Gruß stand er auf und fühlte, dass ihr Blick ihm folgte, bis er das Zimmer verlassen hatte.

Konstantin hatte gerade die Nachttischlade aufgezogen, als es an der Tür klopfte. Er reagierte nicht.

Die Tür öffnete sich.

»Wenn mich dein Freund Matthias nicht gefahren hätte, wäre ich mit dem Taxi gekommen und dein Vater hätte es bezahlen müssen.«

»Hätte er verschmerzt.«

Sie setzte sich auf Bettkante und Konstantin starrte sie an.

»Mama meint, du bist sicher nicht so bescheuert, wie du tust. Ich denke da anders drüber … sag mal, hier riecht's aber komisch. Benutzt du Damenparfum? Das würde das eine oder andere erklären.«

»So?«

»Wie du dich Frauen gegenüber benimmst, zum Beispiel. Übrigens, morgen will ich mit dir im Pool schwimmen. Und wenn du wieder abhaust, werde ich Mama bitten, dass wir abreisen. Mal sehen, ob dein Vater das auch so leicht verschmerzt.«

»Ihr bleibt also wirklich.«

»Meine Mama und dein Vater mögen sich. Schade, dass du so ein Arschloch bist. Gute Nacht auch.«

Sorgfältig verriegelte Konstantin die Tür, nachdem Marie gegangen war, und nahm den Flakon aus der Schublade.

Konstantin warf die zerknüllte Serviette auf den Früh-
stücksteller und machte eine knappe Handbewegung.
Marie folgte ihm nach draußen.

»Hast du wenigstens Badesachen mit?«

»Kein schöner Bikini für mich da? Hattest ja auch
'nen zweiten Helm. Schau nicht so entsetzt, war 'n
Scherz. Ich hab einen Badeanzug drunter.« Sie zog T-
Shirt und Shorts aus und sprang ins klare Wasser. Konstantin kletterte die Leiter hinab und schwamm auf der
anderen Seite des Beckens. Er zog Bahn um Bahn, ohne
Marie zu beachten. Als er die Leiter emporstieg, lag sie
mit geschlossenen Augen auf einer Liege. Er griff sich
ein Handtuch und trocknete sich ab.

»Cremst du mich ein?«, kam es von der Liege.

Konstantin öffnete die Flasche, die Marie ihm reichte, und hielt inne.

»Riecht gut, nicht? Und du kennst es, oder?«

»Das geht nicht«, murmelte Konstantin.

»Wieso nicht? Okay, ist nicht billig, aber kann man
kaufen. Find ich cool, Sonnenöl, das nach frisch gemähtem Gras riecht.«

»Und nach Bergamotte … und Zedernholz.«

Konstantin verschwand mit der Flasche im Haus
und kehrte wenig später zurück.

»Wir nehmen das hier«, sagte er und präsentierte
eine blaue Tube.

»Nivea für Kinder?« Sie setzte sich auf und ihre Augen blitzten. »Was ist falsch an meinem Sonnenöl? Los, sag's mir!«

Er sah weg und sagte: »Entweder das, oder …«

»Schon gut.«

Vorsichtig gab Konstantin etwas von der Milch auf seine Hand und verrieb sie auf Maries Rücken.

»Schön machst du das. Könnte man beinahe als sanft bezeichnen.«

Nach dem Mittagessen stieg Marie zu ihrer Mutter ins Auto. Konstantin blickte dem Wagen nach.

»Helena musste kurzfristig geschäftlich verreisen«, sagte der Vater. »Aber sie wird wiederkommen. Und das ist gut so.«

Marie schaute in den Pool, ihr Körper wurde vom Licht berührt, das in den Garten fiel. Glühwürmchen tanzten ihren nächtlichen Tanz und Grillen sangen im Schutz der Dunkelheit.

»Lass uns eine Runde schwimmen«, sagte Marie.

»Nein, ich gehe zu Bett. Ich bin müde von den vielen Leuten.«

»Weichei. Wann wirst du dich endlich an uns gewöhnen?«

Konstantin wendete sich ab, ging über den Rasen ins

Haus und stieg die Treppe hinauf. Aus der Lade holte er den Flakon und beträufelte seine Hände.

Unvermittelt öffnete sich die Tür.

»Du benutzt wirklich dieses Parfum! Du bist stockschwul, stimmt's?«

»Verschwinde!«

Marie setzte sich auf die Bettkante, wie sie es schon einmal getan hatte. Mit einer raschen Bewegung schnappte sie sich den Flakon.

»Gib das her, verdammt!« Konstantin wollte sie fassen, doch sie war aufgesprungen und wartete in sicherer Entfernung.

»Deine Mutter hat es benutzt, stimmt's?«

Konstantin sprang auf.

Marie lief hinaus, er eilte ihr nach, durch den Flur, die Treppe hinunter. Suchend blickte er sich um. Ein Geräusch aus dem Garten ließ ihn nach draußen eilen. Im beleuchteten Pool schwamm Marie und spritzte nach Konstantin, als er an den Beckenrand trat. Er legte Hemd und Hose ab, stieg in Boxershorts ins Wasser und griff Marie mit einer schnellen Bewegung.

»Wo ist es?«

»Ich hab's in den Ausguss gekippt!«

»Du lügst!«

»Lass mich los!«

Doch er hielt sie gepackt und drückte sie einige Sekunden unter die Wasseroberfläche. Prustend tauchte sie auf.

»Du bist irre!«, rief sie und versuchte, ihm zu entkommen.

Rasch setzte er nach und hielt sie fest, so dass sie nicht entkommen konnte.

»Wo?«

Wieder stieß er sie unter Wasser, sie kämpfte. Als er sie losließ, rang sie nach Luft und konnte nicht sprechen. Mühsam erreichte sie den Rand des Beckens, legte die Arme auf den Rand. Konstantin zog sich hoch und streckte ihr die Hand hin.

»Du stößt mich nicht wieder rein?«, fragte sie keuchend.

Er verharrte in seiner Position. Zögernd nahm Marie seine Hand. Sie standen nebeneinander. Konstantin wischte über seine Augen.

»Es ist hier – ich hab's unter die Liege gestellt, schau«, sagte sie leise. »Ich hätt's dir sowieso zurückgebracht.«

Sie reichte ihm den Flakon, berührte seine Schulter für einen Moment mit den Fingern. Er zuckte.

»Du vermisst deine Mutter, nicht wahr?«

Schweigend schaute Konstantin geradeaus.

»So geht's mir mit meinem Vater.«

»Wie lange …?«

»Zwei Jahre.«

Er nickte, öffnete den Flakon, gab einen Tropfen auf seine Hand. Roch kurz daran. Dann hielt er das Gefäß mit der Öffnung nach unten übers Wasser, bis nichts mehr herauskam.

»Komm, lass uns jetzt schwimmen gehen. Keine Angst, ich tauche dich nicht unter«, sagte er.

»Selbst von dem stark verdünnten Parfum soll ich nichts trinken, hm?«

Sie lächelte und dann stieß sie ihn blitzschnell ins Wasser.

Der Schnüffler und die Rose

Anina Stecay

Vom Zimmer des Hotels am Paseo de las Canteras blickte man direkt aufs Meer hinaus, wo im Westen Gran Canarias die Sonne unterging und mit ihren letzten Strahlen die Leiche auf dem Bett in warmes Orange tauchte.

Der Mittvierziger war in einen gestreiften Seidenpyjama gekleidet; dass er in den gefalteten Händen eine zartgelbe Rose hielt, hätte der Szenerie einen friedlichen Anstrich geben können.

Luis García Sola atmete die abgestandene Hotelzimmerluft mit ihrer Mischung aus sonnenerwärmtem Staub, Schuhcreme und chemischen Reinigungsmitteln. Über alldem lag der säuerliche Geruch von trocknendem Blut.

Als ihn kurz vor Dienstschluss der Anruf erreichte, hatte er mit allem gerechnet, aber nicht mit einer Situation wie dieser. Ein besseres Wort als *Exekution* fiel ihm dafür nicht ein.

»Derselbe Mist wie vor drei Wochen in Barcelona«, bemerkte Felipe von der Spurensicherung.

»Und vor zwei Monaten in Madrid«, ergänzte Sola in Gedanken. Sie hatten die Faxe der Nationalpolizei wohl alle gelesen. Nachdem er ihnen die Kehle durchgeschnitten hatte, hatte der Mörder die Toten aufgebahrt und ihnen eine Rose in die gefalteten Hände gelegt. Und in beiden Fällen gab es noch keine aussichtsreiche Spur.

»Ich frage mich, wer die Frau ist«, murmelte Sola und sog die Zimmerluft tief ein.

»Bitte?«

»Hier war eine Frau«, sagte Sola. Er schloss die Augen, um sich besser zu konzentrieren. »Im Laufe der letzten 24 Stunden.«

»Wie zum Beispiel das Zimmermädchen«, kommentierte Felipe trocken.

»Wohl kaum.«

Sola trug den Spitznamen *Schnüffler*, weil er über einen phänomenalen Geruchssinn verfügte. Manche Kollegen waren neidisch auf diese Gabe, anderen war sie unheimlich. Sola selbst hätte in manchen Situationen gerne auf diesen besonderen Sinn verzichtet.

Aber jetzt ließ sich Sola in den Duft fallen, der in diesem Hotelzimmer schwebte. Er ließ zu, dass er gefangen genommen wurde – von den unangenehmen, verstörenden Aromen nach Todesangst im Schweiß des Opfers ebenso wie von dem sinnlichen Parfumgeruch, der im Raum schwebte. Teerose, dachte er. Frisch und blumig. Mit einer warmen Note nach Eichenmoos und Ambra. Und es war nicht irgendein Rosenduft. Fein, englisch und gleichzeitig betörend. Unverwechselbar.

›Z‹ von Chinieri. Er hatte es früher selbst gekauft, selbst ausgesucht, weil es zu Carmen passte wie kein anderes Parfum, der Duft nirgendwo besser zur Geltung kam als auf ihrer Haut … Carmen – stolz und zart, verführerisch und unnahbar. Seine Rose.

Sie hatte erst ihn betrogen, dann die Polizei. Und schließlich war sie weg, von einem Tag auf den anderen. Sie hinterließ keine Adresse, keine Telefonnummer, nichts außer einer Lücke in seinem Leben.

»Das ist eine Nummer zu hoch für uns. Hier auf Gran Canaria sind wir für solche Dinge nicht … He, warte mal, du hast keinen Schutzanzug an, also bleib da weg. Du versaust uns die ganzen Spuren, verdammt!«, rief Felipe empört.

Luis García Sola ignorierte seinen Kollegen, trat an das Hotelbett heran und beugte sich schnuppernd über das Kopfkissen. War die Unbekannte die Mörderin? Wie weit war sie gegangen, um den Argwohn des Opfers zu zerstreuen? Hatte sie mit dem Typen geschlafen? Nein, der Rosenduft war nur am Bettrand intensiv, also hatte sie sich wohl dort niedergelassen; den zerwühlten Decken haftete nichts davon an.

»He, hörst du mir überhaupt zu?«, fragte Felipe ungeduldig. »Ich versuche die ganze Zeit, dir zu erklären, dass wir den Fall an Madrid abgeben sollten …«

Sola schrak aus seinen Überlegungen hoch. »Ja, ja,

ich höre dich gut. Aber ich bin nicht deiner Meinung. Die haben ihre Spuren, wir unsere. Und denen gehen wir nach, basta.«

Sein Mobiltelefon läutete, es war die Zentrale. Sola lauschte kurz, murmelte ein Danke und beendete das Gespräch.

»Der Ausweis des Opfers war gefälscht«, erzählte er auf Felipes fragenden Blick hin. »Also haben wir im Moment keine Ahnung, wer er eigentlich ist. Ich gebe zu, dass das deine These vom organisierten Verbrechen erhärtet. Und trotzdem: Ich bin mir sicher, dass die Frau, die hier war, etwas mit der Sache zu tun hat. Selbst, wenn sie uns nur etwas über unseren toten Freund hier sagen kann. Ich werde sie finden.«

Der abendliche Berufsverkehr machte die Fahrt durch Santa Catalina zu einem Hindernisparcours zwischen Fußgängern, die auf die Straße liefen, scheinbar ohne auf den Verkehr zu achten, und Autos, die mitten auf der Fahrbahn parkten. Durch die Klimaanlage drang der Geruch von Frittierfett und Abgasen ins Wageninnere und vermischte sich dort mit dem Rest des Kaffees, den Luis García Sola am Morgen verschüttet hatte, als er zu spät zur Arbeit aufgebrochen war. Er war deshalb froh, als er endlich die Avenida Maritima del Norte erreichte, wo er ein Seitenfenster öffnen und beschleunigen konnte. Die Dunkelheit brach rasch herein, während er nach Süden fuhr.

Nach all der Zeit endlich eine Spur. Solas Magen

ballte sich zu einem schmerzhaften Klumpen zusammen. Zweimal war er Carmen in den letzten Jahren noch begegnet und jedes Mal war sie hinterher wieder verschwunden, ohne ihm einen Hinweis zu hinterlassen. Er hatte keine Ahnung, wo sie sich aufhielt. Selbst Nachforschungen über das polizeiliche Netz und die Meldeämter hatten nichts ergeben.

Mehrmals blies Sola kräftig durch beide Nasenlöcher; noch immer schien der Duft nach Teerosen und Ambra in seiner Nase zu hängen. Oder bildete er sich das alles nur ein? Folgte er einer völlig falschen Fährte? Aber die Komposition von ›Z‹ war unverwechselbar, erlesen und teuer. Kein Parfum, das man in jedem Kaufhaus erhielt. Er wusste nur von einer einzigen Parfümerie auf Gran Canaria, die Chinieri-Düfte führte.

Weil er befürchtete, das entsprechende Geschäft könnte schon schließen, forderte Sola das Äußerste, was sein altersschwacher Seat zu geben bereit war, und riskierte einen Zusammenstoß, als er bei Gerade-noch-gelb über eine Ampel fuhr.

Überraschenderweise fand er für seinen Wagen fast sofort einen Parkplatz in der Calle San Bernardo. Von dort war es zu der kleinen, edlen Parfümerie in der Calle Cano nur ein kurzer Fußweg.

Die Fassade des Hauses im Kolonialstil hatte man rund um die Schaufenster mit dunklem Holz verkleidet. Sola atmete tief durch; schon vor der Tür mischten sich die Düfte zu einem betäubenden Durcheinander.

Die Verkäuferin war eine Frau, die die siebzig sicherlich schon überschritten hatte. Sola legte seinen Polizeiausweis auf die dunkel gebeizte Theke.

»Ich bin auf der Suche nach einer Frau«, erklärte Sola.

»Nun, das sollte einem gut aussehenden jungen Mann wie Ihnen, Comisario, eigentlich nicht schwerfallen«, bemerkte die Verkäuferin amüsiert.

»Ich meine: nach einer bestimmten Frau.« Sola wagte kaum, richtig Luft zu holen, weil er das Gefühl hatte, von den Gerüchen in dem kleinen Laden überwältigt zu werden. Warmes Patschuli und herbes Sandelholz mischten sich mit einem Hauch von Minze und blumigen Aromen. Flakons jeder Größe und Form füllten die Regale. »Sie haben doch sicher eine Kundenkartei. Ich brauche die Adressen aller Kunden und Kundinnen, die ›Z‹ von Chinieri bei Ihnen ordern.«

Es waren fünf Namen, die er schließlich erhielt. Carmens Name war nicht dabei.

»Es gibt eine Spur«, sagte Sola am nächsten Morgen in der Besprechung. »Unser Täter ist wahrscheinlich Linkshänder. Das hat die Untersuchung der Rechtsmedizin ergeben. Er hat sein Opfer von hinten umklammert und ihm mit einem Schnitt Kehle und Halsschlagadern durchtrennt, von der rechten Seite kommend nach links rübergezogen. So wie der Täter in Barcelona und Madrid auch. Der Täter, den wir suchen, ist vermutlich ein professioneller Auftragskiller, körperlich fit und skrupellos. Er ist überzeugt, dass man ihn nicht ertappt, deshalb hinterlässt er der Polizei – oder vielleicht auch den Hintermännern der Opfer – als spöttische Botschaft eine gelbe Rose, die er dem Opfer in die Hände legt. Und es besteht die Möglichkeit, dass es sich um eine Frau handelt.«

Sola blickte in die Gesichter der Kollegen am Tisch, die ihm für die Ermittlungen im Fall *Rose* zugeordnet worden waren. Im Raum staute sich schon zu dieser frühen Stunde der Geruch nach frischem Schweiß und erkaltetem Kaffee und vermischte sich mit dem staubigen Aroma von altem Papier und Resignation. »Was das Opfer angeht: Über seine Fingerabdrücke konnten wir ihn als Diego Martinez identifizieren. Er ist als Angehöriger der kalabrischen Mafia bekannt und hat auf Gran Canaria seine kriminellen Geschäfte betrieben: Menschenschmuggel. Wir vermuten einen Zusammenhang mit den beiden Opfern in Madrid und Barcelona, die nach den neuesten Erkenntnissen ebenfalls der ’Ndrangheta angehörten. Vielleicht handelt es sich um einen Rachefeldzug innerhalb der Organisation.« Sola erläuterte den Kollegen in groben Zügen die Resultate des gestrigen Tages. Die Sache mit dem Parfum ließ er weg.

Dann teilte er die Kollegen zur Arbeit ein; immer zwei zusammen. Es gab einige Spuren, denen man folgen musste, und Andeutungen, die sich später wahrscheinlich wieder einmal als heiße Luft herausstellen würden; aber nachgehen musste man ihnen trotzdem.

»Bleib stehen!« Sola wollte den Raum nach der Besprechung gerade verlassen, als sein direkter Vorgesetzter und Freund Jorge Sanchez ihn zurückhielt.

»Was ist los?«, fragte Jorge mit ernstem Gesicht.

Sola zuckte mit den Achseln. »Das ist ein ganz schön großes Ding und …«

»Du weißt genau, dass ich das nicht meine. Luis, wir kennen uns jetzt schon über 15 Jahre, und ich habe mehr Zeit mit dir verbracht als mit meiner Frau. Ich sehe, wenn etwas nicht stimmt. Du hast nicht alles erzählt. Und ich möchte verdammt noch mal wissen, was los ist.« Jorge trommelte zur Bekräftigung dieser Worte mit seinen fleischigen Fingern auf den Tisch.

Sola fuhr sich mit der Hand über den Nacken.

Jorge wartete.

Eine große Fliege umflog die Deckenlampe im Zickzack.

Jorge wartete.

»Es könnte sein, dass Carmen hinter alldem steckt«, sagte Sola endlich.

»Oh, Luis …«

»Nein, warte!«

»Luis, das hat doch überhaupt keinen …«

Sola fiel seinem Freund ins Wort. »Ja, ich weiß, dass ich damals schwer mit … der Sache fertiggeworden bin, aber dieses Mal ist es anders. Ich habe wirklich eine Spur zu ihr. Ich sage dir, sie ist in die Sache verwickelt! Sie war in dem Hotelzimmer.«

Jorge schnaubte. »Du machst dir da etwas vor. Nach so vielen Jahren!«

Sola sah aus dem Fenster und dachte, dass jemand die Scheiben wischen müsste. Man konnte kaum noch den Platz vor dem Haus erkennen.

»Luis. Ich kann mich daran erinnern, dass du damals wochenlang völlig neben dir gestanden hast. Ach was, monatelang. Du willst das doch jetzt nicht alles wieder aufwühlen?«

Sola schüttelte den Kopf. »Ich weiß, dass ich damals viel Blödsinn gemacht habe. Ich konnte es nicht verwinden, sie verloren zu haben. Dass wir alle sie verloren haben. Jorge, du bist der Einzige, der weiß, dass Carmen ihr Wissen mitgenommen hat, um für die andere Seite zu arbeiten! Vielleicht fängt man mit Kunstdiebstählen an und endet hinterher als Auftragsmörderin. Ich weiß es doch nicht! Fakt ist, dass der Typ eine Charlotte-Rose in der Hand hielt, eine Englische Rose. Was glaubst du: Findet man hier auf Gran Canaria Charlotte-Rosen an jeder Ecke? Nein, aber zufällig hat Carmen ihren Garten immer geliebt, und sie liebt Englische Rosen. Und ich schwöre dir, dass ich in dem Hotelzimmer ihr Parfum erkannt habe!«

Jorge ließ ihn ausreden. Dann schwieg er lange. »Luis, ich tue das nicht gerne«, sagte er schließlich traurig. »Aber ich muss dir untersagen, diese Spur weiterzuverfolgen. Und zwar ausdrücklich. Als Freund und als Vorgesetzter. Carmen ist nicht hier, weiß Gott, wo sie ist. Und sie bringt auch keine Mafiosi in irgendwelchen Hotelzimmern um. Du hast dich da in etwas verrannt.«

»Du verbietest mir, meine Arbeit zu machen?«, fragte Sola ungläubig.

»Ich verbiete dir, dich weiter kaputtzumachen und einem Geist hinterherzujagen.«

»Das kannst du nicht!«

Jorge atmete tief durch. »Vielleicht nimmst du dir ein paar Tage frei. Und wenn du wiederkommst, solltest du mal mit der Polizeipsychologin sprechen.«

»Das hätte ich nie von dir gedacht«, sagte Sola heftig. »Ich habe wirklich geglaubt, du seist mein Freund!« Er drehte sich um und ging grußlos davon.

Zwischen fettigem Sonnenölduft und Kaffee und dem Pudergeruch zweier älterer Damen hatte Sola einen Platz in dem gut besetzten Café an der Plaza de las Ranas ergattert. Während er an seinem Café Cortado nippte, betrachtete er die Liste der fünf Adressen, die er in der Parfümerie erhalten hatte. Vier hatte er schon aufgesucht. Carmen war nicht dabei. Es war ein langer Tag gewesen, aber er hatte sich die vielversprechendste Adresse bis zum Schluss aufgehoben. Señora Rosario nannte sich die Dame. Er würde weitermachen, bis die Sache erledigt war. Es war ihm in diesem Moment gleichgültig, dass er gegen Jorges ausdrückliche Anweisung handelte.

Was er Carmen noch viel weniger verziehen hatte als ihre Affäre mit Miguel, war die Tatsache, dass sie sich mit all ihrem Wissen von der Polizeihochschule und den Interna aus den gemeinsamen Ermittlungen an das Verbrechen verkauft hatte. Sie, die unbeugsame Rose, die ihn sowohl ihre sanften Blütenblätter als auch manchmal ihre Dornen spüren ließ. Sola dachte an die Tage auf der Polizeiakademie zurück, an verstohlenes Händchenhalten unter der Bank. An dem Tag, an dem sie in sein Leben getreten war, hatte Carmen Abenteuer in seinen Alltag gebracht. Mit seiner Ernsthaftigkeit neckte sie ihn; für sie war die Verbrecherjagd eine Herausforderung, ein Wettkampf, bei dem es darum ging zu gewinnen. Wenn er von seinem Bedürfnis erzählte, sich gegen das Unrecht einzusetzen, lächelte sie. Seine Überzeugung, dass man bereit sein musste, auf alle Bequemlichkeiten zu verzichten, um den Versuchungen der Korruption die Stirn zu bieten, machte sie wütend. »Man muss Freude behalten an dem, was man tut«, hatte sie zu ihm gesagt. »Wenn das Leben keinen Spaß mehr macht, stirbt man innerlich. Willst du das?«

Warum bloß war er damals nicht misstrauisch geworden? Stattdessen hatte er sie angebetet und ihre Unabhängigkeit bewundert! Dann war Carmen zur Kunstdiebin geworden. Zu einer sehr erfolgreichen, natürlich, denn alles, womit Carmen sich beschäftigte, gelang ihr. Und wahrscheinlich war sie als Auftragsmörderin ebenso erfolgreich. Es brachte vermutlich etwas mehr Geld ein.

Angewidert schob Sola den Cortado zurück.

Er hasste gezuckerte Milch.

Sola blickte auf die Uhr. Ab 20 Uhr sei sie meist zu Hause, hatte der Security-Typ verraten, der das Grundstück bewachte, nachdem der Kommissar ihm ein bisschen Geld zugesteckt hatte. Sola hatte so etwas noch nie getan, aber dieses Mal war es die Sache wert. Er würde Carmen überführen und sie für ihre Verbrechen zur Verantwortung ziehen. Nur das zählte.

Bald.

»Nun hast du mich also gefunden«, stellte Carmen fest. Sie wirkte nicht sehr überrascht, eher neugierig. Sie lächelte sogar leicht, als er ihr den Polizeiausweis zeigte, um seinem Besuch von vorneherein einen offiziellen Anstrich zu geben.

Sola folgte ihr durch eine großzügige Eingangshalle in ein modern und geschmackvoll eingerichtetes Wohnzimmer, in dem es nach Leder und Parkettpflegemittel roch.

»Möchtest du einen Drink?«

»Ich möchte wissen, ob du Diego Martinez umgebracht hast.«

»Also wirklich, dein Benehmen hat sich auch nicht verbessert«, antwortete Carmen und zog die Augenbrauen hoch. »Immer ehrlich und geradeheraus, auch auf die Gefahr, dass du dich oder andere damit verletzt.« Sie wandte sich ab, holte zwei Gläser aus der Bar und öffnete mit der linken Hand eine Flasche Amontillado. Carmen war Linkshänderin. Das hatte er beinahe vergessen.

Sola konnte nicht sehen, wie sie eingoss, weil sie ihm den Rücken zukehrte. Carmen trug ein schlicht geschnittenes weißes Kleid mit einem tiefen Rücken-ausschnitt, das auf einer Seite bis in die Mitte des Ober-schenkels geschlitzt war, so dass es hin und wieder einen kurzen Blick auf ihre schlanken, leicht gebräunten Beine freigab. Das Kleid war elegant und schmeichelte gleichzeitig ihrer Figur.

»Findest du etwa, dass es zum guten Benehmen gehört, einem Mann die Kehle durchzuschneiden?«, fragte Sola grob.

Carmen reichte ihm den Sherry. Er nahm ihn, und bevor ihm klar wurde, was er da tat, schwenkte er die goldbraune Flüssigkeit und atmete das reife, herbstliche Aroma ein. Unter der fruchtig-süßen Oberfläche lag jedoch etwas Bitteres, das Solas Gefahrensinn weckte, gerade weil er es nicht zuordnen konnte. Er stellte das Glas neben ihres auf die Anrichte. »Ich trinke nicht im Dienst«, sagte er dann.

Carmen lachte ihr perlendes Lachen, das er so geliebt hatte. »Du bist noch ganz der Alte«, sagte sie. »Deine Integrität kann nichts erschüttern.«

Sola sagte nichts und dachte an Jorges Anweisung und an den Security-Mann. Ob Carmen wusste, dass ihr Personal bestechlich war?

»Warum hast du Diego Martinez umgebracht?«

»Weißt du, dass er ein Mörder war?«, fragte Carmen.

»Rechtfertigt das die Tat?«

Sie standen so nahe beieinander, dass ihr Teerosen-Duft ihn umhüllte wie ein sanfter Schleier.

»Ich brauche keine Rechtfertigung«, antwortete Carmen nach einer Pause. »Ich bin nicht wie du. Ich will mein Leben genießen. Ich akzeptiere es mit den guten und den dunklen Seiten, aber ich will es leben, bevor es zu Ende ist, verstehst du? Nein, du verstehst das nicht. Du hast es nie verstanden.«

»Bist du deshalb weggegangen? Weil ich es nicht verstehe?«, fragte Sola bitter.

Carmen sah an ihm vorbei. Ihre Augen waren groß und dunkel und voller Leidenschaft. »Ich möchte die Gelegenheit ergreifen, die sich bietet. Ich möchte frei sein. Du bist gefangen. Gefangen in deinen Moralvorstellungen und in deiner Angst vor der Wahrheit.«

»Hör zu«, sagte Sola, »wir wissen, dass du in diesem Hotelzimmer warst. Es gibt Spuren, die beweisen, dass du mit Diego Martinez zusammen auf dem Bett gesessen hast.«

»Tatsächlich?« Carmens Ton war nun spöttisch. »Dann hoffe ich für dich, dass es nicht wieder deine flüchtigen Spuren sind. Das wird die Richter nämlich kaum beeindrucken.« Sie nippte an ihrem Amontillado. Fast automatisch streckte er ebenfalls die Hand nach seinem Glas aus. Gleichzeitig merkte er, wie sie ihn scharf beobachtete. Er zog die Hand wieder zurück. Sie würde doch nicht so weit gehen …? Aber wenn, unterstützte das zumindest seinen Verdacht.

»Ich kenne dich gut genug, um zu wissen, dass du es warst«, sagte er fest.

»Auf ein Geständnis wirst du wohl ewig warten müssen. Selbst wenn du mich mit aufs Präsidium bringen würdest – und ich bin mir nicht sicher, ob du diese Schmach riskieren willst –, ich meine, die anderen würden sich schon ihren Teil denken, oder?«

»Ich weiß, ich bin ziemlich gut darin, mich lächerlich zu machen«, sagte Sola mit einem liebenswürdigen Lächeln. »Nicht zuletzt deinetwegen. Aber ich bin sicher, dass man es noch perfektionieren kann.«

»Lass das«, tadelte Carmen. »Du wirst mich nicht überführen, und das weißt du auch.«

»Wir haben gerade erst angefangen, die Spuren aus Barcelona und Madrid zusammenzutragen«, entgegnete Sola, aber ihm war klar, dass sie recht hatte. Sie würde sich ihm entziehen, wie schon so oft. Er hatte sie zwar nach all den Jahren gefunden, aber es gab nichts, um sie festzuhalten. Und wenn er dieses Haus nachher verließ, würde sie erneut untertauchen. Wahrscheinlich für immer.

»Nun entspann dich doch endlich«, sagte Carmen kopfschüttelnd. Sie umschloss seine verkrampften Hände mit ihren. »Lass uns auf unser Wiedersehen trinken. Immerhin haben wir uns seit mehr als zehn Jahren nicht gesehen. Das sollte ein Grund zum Feiern sein. Stattdessen erzählst du nur über deinen Fall …«

Ihre dunklen Augen leuchteten. Betörender Ambraduft berührte etwas in Sola. Eichenmoos erinnerte ihn an einen gemeinsamen Sommertag im Lorbeerwald. Unschuldig.

»Ja«, murmelte er. Während ihr Blick noch auf sein Gesicht gerichtet war, griff er nach dem Glas, das sie direkt neben seinem abgestellt hatte. »Lass uns auf die alten Tage trinken.« Diesem Amontillado fehlte der scharfe Geruch.

Carmen lächelte. Automatisch nahm sie das andere Glas. Sola sah zu, wie sie es an die Lippen setzte und einen großen Schluck trank.

Integer hatte sie ihn vorhin genannt.

»Auf die Vergangenheit«, sagte Sola schweren Herzens. Er ließ den Sherry über die Zunge laufen. Und wartete ab.

Brise blaugrün

Diana Wieser

Kann das Meer nach Minze riechen? Lächelnd und ge-
schmeidig, ohne eine Spur von Nervosität, stand Verona mit dem Manuskript in den Händen am Pult. »Das
Meer roch nach Minze«, las sie und zuckte bei dieser Be-
hauptung nicht einmal mit der Wimper. Fräulein Gabor
schnappte nach Luft und sah, wie die anderen Teilneh-
mer der Schreibwerkstatt sich sofort zu Wort meldeten.

Kursleiterin Hanni empfand die Geschichte als diskussionsbedürftig. Und sie liebte Diskussionen. Ihr
Motto lautete: *Lasst es fließen.* Bei Diskussionen floss
allerlei, manches sogar völlig aus dem Ruder, aber genau das gefiel Hanni: Wenn Menschen aus sich heraus-
gingen, dann erst drang man ihrer Meinung nach zum
wahren Selbst und damit zum Kern einer Geschichte
vor.

»Zu ungenau und überdies ethnobotanisch fragwür-
dig«, erklärte der Finanzbuchhalter Edgar, der gerade an
seinem ersten Börsianer-Blutsauger-Bestseller feilte.

»Innovativ, verwegen, kühn …«, ereiferte sich hingegen die angehende Mongolei-Reiseautorin Gitti, die jede Wortschöpfung als Schöpfungsenergie begrüßte.

»Jetzt, wo du es erwähnst … ich glaube damals, 44, lag wirklich ein Hauch von Minze über der Nordsee. Minze, Schießpulver und verrottende Gebeine«, so Hannelore, die sonst über ihren Memoiren brütete.

Fräulein Gabor saß am Rand der u-förmig aufgestellten Tische und schwieg sich, den Kopf tief über ihr Papier gebeugt, aus. Sie war eifersüchtig auf Verona mit ihrem nach Minze duftenden Meer, ihren verwegenen Vergleichen und ihrem Esprit, den sie versprühte wie wortgewaltiges Parfum. Ihre Zunge war ein Flakon, der die Köpfe aller Zuhörer mit berauschenden Klängen vernebelte. Damit würde Verona die Abschlussarbeit der Schreibwerkstatt zum Thema *Mein Lieblingsduft* sicherlich mit Bravour meistern.

Vor allem war Fräulein Gabor neidisch auf Veronas Lebenserfahrung. Sie wusste in den prächtigsten Farben und Gerüchen von Indiens Teeplantagen zu berichten, die sie aufsuchte, um sich einem gewissen Naveen, ihrem persönlichen Tantralehrer, in sexuell-spirituellen Sitzungen hinzugeben. Diese wurden selbstredend in allen Einzelheiten geschildert. So plastisch, dass die Kursteilnehmer zunehmend erregt mit den Füßen scharrten oder an ihren Kulis knabberten.

Verona gehörte auch zu den Leuten, die sich seitenlang über den Geruch auf Polizeistationen auslassen konnten – »nach kaltem, getrocknetem Angstschweiß und der bitterbleihaltigen Hintergrundnote des Verrats« –, da sie einmal in der U-Bahn zwei Taschenräuber überwältigt hatte. Ihre Jugenderlebnisse als Groupie eines Rocksängers prädestinierten Verona zudem zum Verfassen olfaktorischer Wahrnehmungen von verbotenen Substanzen, die zu nachtschlafender Zeit in einschlägigen Klubs konsumiert wurden.

Fräulein Gabor war wahnsinnig neidisch. Ihr eigenes Leben hatte weder Sex noch Crime noch Rock 'n' Roll zu bieten. Es war absolut gewöhnlich. Was sollte sie also in diesem Literaturkurs zum Thema *Sinnliche Schriften – himmlische Düfte* zu Papier bringen? Laut Leiterin Hanni war Fantasie gut, aber Erfahrung noch besser.

»Schreibt nichts Abstraktes, sondern über alltägliche Dinge, mit denen ihr euch auskennt«, so ihr Tipp. Gerade bei Düften ein wichtiger Gesichtspunkt. Denn der Geruchssinn sei der subjektivste von allen. Ein blaues Auto bleibt ein blaues Auto, ein lautes Geräusch laut. Doch ein blumiger Duft könne angenehm oder aufdringlich, verspielt oder betörend, altbacken oder mädchenhaft wirken – je nach persönlicher Assoziation, die wiederum auf Erlebtem basiere und direkt vom vegetativen Nervensystem abgeleitet werde.

»Fräulein Gabor, hast du schon einen Lieblingsduft für deine Abschlussarbeit ausgewählt?« Hanni störte Fräulein Gabors Gedankenwelt.

Du und Fräulein Gabor, diese Anrede resultierte aus

ihrer Weigerung, ihren Vornamen preiszugeben, mit dem sie nicht in der Öffentlichkeit angesprochen werden wollte, schon gar nicht in Verbindung mit ihrem Nachnamen. Darauf reagierten die Leute entweder belustigt oder irritiert.

»Hieß nicht so diese berühmte … ach, doch nicht … fast, aber irgendwie anders … doch, die Schuhmarke … bloß hat die keinen Vornamen …«

Erschwerend kam hinzu, dass sie nicht die geringste Ähnlichkeit mit ihrer Fast-Namenspatronin hatte. Nahezu täglich fragte sich Fräulein Gabor, welcher Wahnsinn ihre Eltern geritten haben musste. Vor allem, da sie als solide Vorstadtbeamte niemals aus der Reihe tanzten.

Genau darin lag das Problem, dachte sich Fräulein Gabor. Ihre Eltern waren zwar herzensgute Menschen, aber überängstlich, überversichert und stets auf den Weg des geringsten Widerstands bedacht. So waren ihr bislang Erfahrungen als sexuell-spirituell Erfüllte, Groupie oder Draufgängerin versagt geblieben. Stattdessen hatte sie sich für die Welt der Schrift interessiert und kurz nach dem Abitur den Journalistenberuf ins Auge gefasst.

»Weißt du, dass Journalisten die zweitniedrigste Lebenserwartung aller Berufsgruppen haben?«, hatte die Mutter damals entsetzt gesagt.

Da die Eltern sie wahlweise zerstückelt in einem Krisengebiet in Nahost oder an einem stressbedingten Magengeschwür zugrunde gehen sahen, wurde die Schreibkarriere in eine solide Buchhändlerlehre umgewandelt.

»Das hat auch mit Lesen und Schreiben zu tun«, meinte der Vater. »Und auf einen kaufmännischen Hintergrund kann man immer bauen.«

Zunächst schien Fräulein Gabor damit zufrieden. Doch mit ihrer Liebe zu Büchern wuchs auch die Sehnsucht, einmal selbiges zu verfassen. Schriftsteller lebten immerhin länger – falls sie nicht zuvor von Schaffenskrisen, Drogen oder Suizid dahingerafft wurden.

Also war sie in dieser Schreibwerkstatt gelandet, nur um festzustellen, dass sie nicht zum Autor geboren war. Sie hatte nichts erlebt, konnte sich zwar auf dem Papier ausdrücken, aber nicht in Gesprächen oder gar Diskussionen, sie stammelte beim Vorlesen ihrer Geschichten wie ein Erstklässler und ihre sinnlichen Eindrücke beschränkten sich seit der Trennung von ihrem Freund, einem angehenden Beamten, auf den wöchentlichen Besuch des Gemüsemarktes.

»Nein, ich habe noch keinen Duft gefunden.« Fräulein Gabor ergab sich matt.

Am nächsten Tag suchte sie eine Parfümerie auf. Fräulein Gabor konnte nicht mal ein Lieblingsparfum nennen, da der Ex-Freund ihr Jahr für Jahr dasselbe geschenkt hatte. Dasselbe, das seine Mutter seit anno dazumal auflegte. Inspiration war also dringend nötig.

Die Verkäuferin reichte ihr Düfte, die nach Göttinnen, Rauschmitteln und verschiedenen Stadien sexueller Erfüllung benannt waren, und versuchte ihr nebenbei eine Feuchtigkeitsmaske und einen bronzemetallic-farbenen Lidschatten aufzuschwatzen, der das Blau ihrer Iris so schön zum Strahlen bringen könnte. Es wurde gesprüht und geträufelt, gezupft und geknetet. Fräulein Gabor war völlig von Sinnen und eine Stunde später stand sie nach Luft ringend auf der Straße, immer noch ohne Duft und Idee, aber mit einem Lidschatten im schmucken Tütchen.

Am selben Abend setzte sie sich an den Computer und schrieb eine E-Mail an Herrn Knausermann, ihrem ehemaligen Deutschlehrer auf dem Gymnasium. Er war der Einzige, der Fräulein Gabor jemals ermutigt hatte, ihrem Talent nachzugehen, und der sie mit Rat und Tat unterstützte. Sie schilderte ihm die Misere und bekam prompt eine Antwort:

Liebes Fräulein Gabor,

es freut mich zu hören, dass Sie Ihren literarischen Neigungen immer noch nachgehen. Gut so! Mein Rat: Kredenzen Sie sich doch einfach selbst »Ihren Duft« aus Gerüchen, die Sie in Ihrem Leben bewegt haben. An welchen Duft aus Ihrer Kindheit können Sie sich zurückerinnern? Welcher Duft zaubert Ihnen Schmetterlinge in den Bauch? Welcher bringt Sie zum Träumen, regt Ihren Appetit an, stimmt Sie fröhlich?

Haben Sie keine Angst, Sie schaffen das! Zögern Sie nicht, durch die Kapitel Ihres Lebens zu blättern, und schauen Sie ganz genau hin – manchmal sind es nur Momentaufnahmen, die zu schade sind, um in Vergessenheit zu geraten …

Mit den besten Wünschen!

Ihr Freund und Mentor – Dr. phil. Knausermann

Der Rat ihres Lehrers verfolgte Fräulein Gabor bis tief in die Nacht, in der sie sich traumlos im Bett hin- und herwälzte. Zerknittert nahm sie am nächsten Tag frei, um in Ruhe in der Bibliothek zu recherchieren. Sie verschlang alles über Destillate, ätherische Öle und Seifen, über seltene Blüten, über Kopf-, Herz- und Basisnoten. Doch wirklich schlauer wurde sie nicht. Was ihr fehlte, war Inspiration.

Als Fräulein Gabor die Bibliothek verließ, lag eine angenehme Frühabendsonne über der Stadt. Sie war überrascht und hielt die Unterarme in die wärmenden Strahlen. Wochenlang hatte es geregnet, nun schien der Sommer endlich seine angestauten Energien loswerden zu wollen.

Fräulein Gabor entschied sich, den Tag mit einem Abendspaziergang zu beschließen. Ein Ortswechsel, Frischluft, Bewegung, so etwas sollte doch bei Schreibblockaden wahre Wunder wirken.

Sie spazierte entlang des Flusses und überquerte eine

Brücke. Dort stieg sie auf die oberste Sprosse des Geländers, starrte in die flinken Wassermassen und überlegte, hinunterzuspringen, nur um eine berichtenswerte Erfahrung zu machen. Rechtzeitig fiel ihr ein, dass sie als Siebenjährige das Seepferdchen-Abzeichen erst beim vierten Anlauf geschafft hatte. Nein, sie würde nichts mehr zu berichten haben, sie würde ertrinken und es wäre an anderen, über ihren tragischen Tod in der Zeitung zu schreiben. Auf posthumen Ruhm konnte sie verzichten und so schlenderte sie weiter in den Park.

Getränkt vom Regen, roch die Luft intensiv nach Rosen, Hyazinthen und feuchtem Gras. Fräulein Gabor passierte einen Lavendelstrauch. In den Beinen spürte sie ein leichtes Kribbeln, konnte sich aber keinen Reim darauf machen. Sie führte die Reaktion auf ihr Schuhwerk zurück, das für einen Spaziergang untauglich war, und ließ sich auf einer Parkbank mit Blick auf den Fluss nieder. Die Strömung machte sie schläfrig, die durchwachte Nacht forderte ihren Tribut und so schloss Fräulein Gabor entkräftet die Augen.

Gerade wollte sie sich der Resignation ergeben, als etwas in der Nase kitzelte. Die feinen Härchen vibrierten. Es stieg weiter durch ihre Geruchsorgane hoch zur Großhirnrinde und nistete sich zielstrebig in ihrem vegetativen Nervensystem ein. Jenes Kribbeln, das sie zuvor nur in den Waden gespürt hatte, vereinnahmte wie eine Jahrhundert-Welle den Rest ihres Körpers. Fräulein Gabor öffnete die Augen, um sich zu vergewissern, dass sie nicht in den Fluss gestürzt und von tosenden

Wassermassen mitgerissen worden war. Erneut schloss sie die Augen. Ihre Nase kribbelte, da lag etwas in der Luft … ja!

Es war jener eigenartige Geruch, den nur marode südländische Kanalisationen in Küstennähe auszuspeien vermochten. Oder über die Ufer getretene Flüsse. Es war der Duft nach – sie war sich sicher – Kloake! Jenes organische Gemisch von Fauna, Flora und Humidem, bei welchem die meisten Menschen angewidert die Nase kräuselten.

Doch warum gefiel ihr dieser Geruch?

Sie atmete tief ein und spürte, wie die Holzlehne der Parkbank nachgab und einem gepolsterten Rücksitz wich. Ihr Blick fiel nicht mehr auf den Fluss, sondern auf einen Hauch von Meerblau, das zwischen Autobahnschildern, Serpentinen und halb fertigen Hotelanlagen hindurchblinzelte.

Sie war wieder Kind und gab sich ganz dem Gefühl der Vorfreude hin. Das Urlaubsziel war nah und damit auch die Möglichkeit, die Rolle des schüchternen Mädchens abzulegen. Sie würde aus dem Schatten ihrer großen Schwester treten, die abwechselnd niedergestreckt auf der Rückbank kauerte oder ihren Kopf in einer Plastiktüte vergrub. Ihre Schwester mochte zu Hause der Liebling aller sein, aber auf Reisen war sie stets das Sorgenkind. Magen-Darm-Infektionen, Quallenbisse, Sonnenbrand und natürlich die obligatorische Reiseübelkeit – es verging kein Urlaub, den die Schwester nicht mindestens einmal auf der Arztliege oder im

Bett ihres Hotelzimmers verbrachte, während sie selbst arglos schöne Stunden erlebte, in denen die Eltern sie nicht mit Argusaugen bewachten. Im Urlaub wurden die Rollen umverteilt. Und jener Moment, in dem sie zum ersten Mal wieder den Geruch des mediterranen Sommers nach undichten Kanalisationen, vermischt mit Algen, Salz und Fischresten, wahrnahm, hieß diesen glücklichen Umstand willkommen.

Natürlich warteten ihre Probleme nach den Ferien geduldig auf ihre Heimkehr und sie wurde wieder das schüchterne Mädchen, mit ein paar Sommersprossen mehr auf dem gebräunten Nasenrücken. Aber jene zwei Wochen im Jahr waren die glücklichsten ihrer Kindheit.

Mit einem Mal geisterten lauter Fragmente durch ihr Gehirn, kleine Geschichten, große Urlaubsmomente, Gerüche, Gedanken, Gesichter wurden lebendig. Fräulein Gabor grinste mit geschlossenen Augen. Sie musste wirklich einen Sprung in der Schüssel haben, wenn ihr zum Thema *Lieblingsduft* südländische Abflussrohre in den Sinn kamen, obwohl Gitti dies als wahnsinnig innovativ und Hanni als diskussionsbedürftig bezeichnen würde.

Unvermittelt reisten ihre Gedanken weiter, das Meer wich der satten Hitze der hochsommerlichen Provence. Fräulein Gabor ging zu einem Fest des französischen Schüleraustauschs. Eine Freundin hatte sie gedrängt, die flachen Ballerinas gegen hochhackige Edeltreter einzutauschen, schließlich seien sie hier im Land des

Prêt-à-porter und die Franzosen das eleganteste Volk überhaupt.

Fräulein Gabor gelang es zu ihrem eigenen Erstaunen, sich halbwegs vornehm auf den 8-cm-Absätzen zu bewegen. Der Sommerwind spielte mit dem Saum ihres Kleides und fühlte sich auf ihren Waden nach der allerersten Rasur ihres Lebens ungewohnt intensiv an. Doch ein Augenblick der Unachtsamkeit genügte und Fräulein Gabor fand sich der Länge nach auf der Kiesauffahrt zur Aula wieder.

»Oh là là«, tönte ein tiefer Tenor im Hintergrund. Fräulein Gabor wurde von zwei starken Armen aufgeholfen, die einem provenzalischen Bauern zu gehören schienen, wie sie an seinen keinesfalls Prêt-à-porterwürdigen Kleidern erkennen konnte.

Seine genaue Erscheinung blieb heute verschwommen, doch an seinen herben Geruch konnte sie sich lebhaft erinnern, vor allem an den Hauch von Lavendel, dessen Zweige die Bauern zum Schutz vor Skorpionen vor ihre Schlafzimmerfenster legten und der einen reizvollen Kontrast zu seiner maskulinen Aura bildete. Oh là là! Wie melodiös er das ›l‹ rollte. Damals hatte sie sich gefragt, wie sich wohl seine Zunge in ihrem Mund anfühlen würde. Dies war der erste erotische Moment ihres Lebens gewesen.

Fräulein Gabor glitt weiter durch die Parallelwelt der Erinnerungen. Nach und nach kristallisierte sich Rosenduft heraus, verbunden mit einem Gefühl der Sehnsucht, die reiner und weitläufiger war als jene erotische

Begegnung in der Provence. Sie hörte das Rascheln von Papier, spürte die Faserstruktur von Zellulose unter ihren Fingerkuppen und sah ihn vor sich: Dr. phil. Knausermann, der ihr auf der Abi-Abschlussfeier den Scheffelpreis für die beste Deutscharbeit, ein Buch und ein Rosenbukett überreichte. Den Scheffelpreis hängte sie sich über das Bett und die Rosen trocknete sie zwischen den Seiten des Buches, welches sie wiederum Nacht für Nacht mit ins Bett nahm. *Eine Geschichte des Lesens* hieß das wunderschön bebilderte Werk, dessen Seiten allmählich vom Duft der Rosen gespeist wurden.

Unter der Bettdecke verschlang sie die Zeilen und fragte sich, ob sie in Dr. phil. Knausermann verliebt war.

Mittlerweile wusste sie es besser. Ihr Deutschlehrer hatte sie zum Schreiben ermutigt, ohne ihren verfrühten oder verarmten Künstlertod heraufzubeschwören. Sie war nicht verliebt in ihn, sie liebte die Art, wie er sie sah. Und sie wünschte sich, dass sie eines Tages imstande wäre, sich selbst ebenso zu sehen.

»Sag mal, geht es dir gut?«

Fräulein Gabor beendete ihre olfaktorische Gedankenreise und öffnete die Augen. Ein junger Mann setzte sich neben sie auf die Parkbank.

»Ich wollte dich nicht erschrecken, aber du sitzt hier schon seit Ewigkeiten mit geschlossenen Augen und bewegst dich keinen Millimeter, da dachte ich schon, du wärst bewusstlos oder krank.«

»Ganz im Gegenteil.« Fräulein Gabor räkelte sich. »Mir ging es nie besser.«

»Na ja, das ist nicht gerade der ideale Ort für einen relaxten Zwischenstopp. Riecht ziemlich streng hier …«

»Du wirst es nicht glauben, aber ich liebe diesen Geruch. Er erinnert mich an die Urlaube in meiner Kindheit, als ich die Prinzessin des Südens und meine Schwester das Sorgenkind war.«

Fräulein Gabor wunderte sich über sich selbst. Warum erzählte sie einem Wildfremden derartige Dinge? Ohne zu stottern, ohne rot zu werden, einfach so.

»Schon gut, du musst das nicht verstehen«, setzte sie entschuldigend hinzu.

»Aber ich würde es gerne.« Der Fremde lächelte.

Fräulein Gabor sah ihm direkt in die Augen. Sie waren blaugrün. Da musste sie an das nach Minze duftende Meer denken und lächelte zurück.

»Ich persönlich bevorzuge den Geruch von frisch gemahlenen Kaffeebohnen. Vielleicht möchtest du noch auf 'ne Tasse mit? Irgendwas sagt mir, dass du eine Frau bist, die wahnsinnig viel zu erzählen hat.«

Fräulein Gabors Strahlen ließ die Abendsonne ohne Umwege wieder aufgehen. »Gerne«, antwortete sie, ohne zu zögern, und beide erhoben sich.

Während sie nebeneinander schlenderten, und obwohl sie statt eines Kleides Jeans und T-Shirt trug und der provenzalische Sommerwind einem lauen Lüftchen gewichen war, spürte sie insgeheim: Dies war ein definitiver *Oh-là-là*-Moment!

Mein Lieblingsduft beinhaltet:

1. ein omnipotentes Gemisch aus mediterranen Kloake-Meeres-Algen-Kanalisationsingredienzen
2. einen Hauch von Lavendel, geerntet von erdigen Bauernhänden in der Provence
3. den Duft von Rosa Mosqueta, getragen von den Seiten einer Nachtlektüre

Ich saß aufgeregt in unserem alten Volvo. Meine Schwester beschwerte sich, weil sie auf dem Vordersitz Platz nehmen wollte. Auf dem Rücksitz wurde ihr immer so leicht übel ...«

Fräulein Gabor beendete ihre Geschichte mit fester Stimme.

Die Kursleiterin Hanni applaudierte und umarmte sie überschwänglich. »Ich habe es immer gewusst: Wenn du erst mal mit dir selbst im Fluss bist, dann werden die Geschichten nur so aus dir heraussprudeln.«

Gitti, Hannelore und selbst der überkritische Edgar überschlugen sich vor positiven Kommentaren. Einzig aus der vorderen Ecke war kein Laut zu vernehmen. Fräulein Gabor sah den Gesichtsausdruck von Verona, er kam ihr nur allzu bekannt vor: Es war das hässliche Antlitz des Neides.

»Hast du dir schon einen Namen für deine Parfum-kreation überlegt?«, fragte Hanni.

»Eloquenz«, antwortete Fräulein Gabor fröhlich. »Und bitte: Nenn mich Greta.«

Der Duft der Wirklichkeit

Salina Petra Thomas

Mein Blick glitt zu den Vorhängen am Fenster, nichts als schäbige Wachposten einer Illusion. Meine Welt passte in das winzige Gefüge zwischen zwei Atemzügen. Ein dumpfes Brodeln in meinen Eingeweiden bewies, dass ich lebte. Ich erinnerte mich an das knirschende Geräusch, mit dem der Truck das Motorrad zermalmte. Querschnittslähmung, ein Wort von betäubender Unausweichlichkeit. An manchen Tagen überließ ich mich der Vorstellung, dass all das ein böser Traum sein musste. Doch er endete nicht.

Eine Schwester flatterte ins Zimmer, ein sirrender Kolibri, Neid schürende Lebendigkeit. Ein Strohhalm zwischen meine Lippen gedrückt, noch bevor die Tür einrastete. Was blieb mir als zu schlucken, schlucken, schlucken. Einen Augenblick später wehte sie schon wieder hinaus, ein Hauch Limone befruchtete die Luft. Ich sann über das Geheimnis der Zeit, über

Kompression und Ausdehnung. In meinem neuen Universum träumten die Uhren. Tage im Büro und Mittagessen beim Italiener erschienen mir zur Unkenntlichkeit verzerrt. Von der Decke tropfte Weiß, erstickte mich mit gnadenloser Stille. Die Wut erlosch in meinem Innern wie ein Vulkan; sinnlos, mit dem Schicksal zu hadern.

Während ich die Tage hasste, begann ich die Nächte mit der Zeit zu fürchten. Der Schlaf spielte mit mir wie eine neckische Geliebte, die sich mir entzog, je dringender ich sie wollte. Bis eines Nachts *sie* ins Zimmer strömte wie eine lautlose Welle entlang des schmalen Lichtfingers der Flurbeleuchtung. Ich nannte sie Nora. Ihre Schritte klangen gedämpft, als hätte sie einen Pakt mit dem Schall geschlossen. Nur eine Kleinigkeit unterschied sie von den übrigen Schwestern, eine winzige Unregelmäßigkeit. Eine Mischung aus Lavendelfeldern im Mondschein und Jasminbüschen in einer Sommerbrise. Sie traf mich unvorbereitet, umhüllte mich und wiegte mich in Sicherheit. Nora trat an mein Bett und in diesem Moment nahm das Wunder seinen Anfang. Ihr Duft sog die Ausweglosigkeit aus meiner Seele. Gevatter Schlaf breitete seine Arme aus und ich sank hinein – zum ersten Mal seit Jahren, so schien mir.

Die BMW R 100 legte sich in die Kurve. Das Geräusch des Boxermotors verschmolz mit dem Rhythmus meines Herzschlags. Sengende Hitze, gegen die der Fahrtwind auf verlorenem Posten kämpfte. Unter mir ein Band endlosen Asphalts, kochende Teerblasen und der herbe Geruch nach Freiheit: die Route 66. Niemand konnte mich aufhalten. Ich flog mit dem Wind zum Ozean. Einen Lidschlag später: Die graue Gewalt des Trucks ließ mir keine Zeit zu beten. Es dauerte eine Ewigkeit, bis der Horror dem sterilen Weiß des Zimmers wich. Der Traum von Freiheit blieb als trübe Erinnerung. Die Realität war gefesselt an ein Metallbett. Eine Schwester erledigte die Morgentoilette. Kühle Feuchtigkeit verwischte die klebrigen Reste der Panik. Ein neuer Tag, ein leeres Blatt: 1440 Minuten, 86400 Sekunden.

Ich studierte das Muster der Tapete: weiße Rillen auf weißem Grund.

Beim Warten auf Nora zerstückelte ich die Dunkelheit in winzige Partikel. Geräusche auf dem Gang kündigten ihr Kommen an. Ein Lichtstrahl krümmte sich durch die Schattenwelt, ihr Geruch schwül wie eine Tropennacht, dabei unglaublich beruhigend. Ob sie ahnte, dass ich wach war? Ob sie mein Flehen fühlte? Warme Verheißung auf Schlaf, der Wahnsinn nur einen Schritt entfernt.

Dann die Erlösung …

In der dritten Nacht Ameisenbisse. Tote Nerven signalisierten Phantomreize. Lichtjahre, bis Nora meine Welt betrat, ein Schemen ohne Gesicht. Ich erkannte sie an der einzigartigen Note: der Duft von Lila und frischen

Blüten. Die Flurbeleuchtung loderte wie ein Hoffnungs-feuer. Ihre Hand legte sich auf meine und vertrieb den Albtraum. In meinem Kopf nun wattebauschige Stille: Ein Motorrad jagte lautlos über den Highway: King of the Road.

Ich versuchte nicht auszurasten, als Nora nicht kam. Beherrschung mein zweiter Vorname, Verzweiflung der erste. Brechreiz wie Ozeanwogen, ich erlag dem Sog düsterer Gedanken, ließ mich treiben, kuschelte mich in die Depression wie in die Arme des besten Freundes. Schlaf, der kleine Bruder des Todes, wer hatte das ge-sagt? Tagelang flirtete ich mit dem Tod, doch er wollte mich nicht.

»Armer Kerl. Hattest 'ne schwere Woche, was?« Ihre Stimme ein schwarzer Teich, in dem ich die Hoffnung längst begraben hatte.

»Ich hatte dienstfrei, aber jetzt bin ich wieder bei dir!« Noras Worte mischten sich mit der Nacht zu ei-nem warmen Plätschern. Ich glitt in die Aura ihres Duf-tes, rollte mich ein wie ein Embryo im Mutterleib. Ihre Finger auf meinen Lippen, meinen Wangen, meiner Stirn. Eintauchen in die Unendlichkeit, wo alles, was ich wollte, wahr wurde.

Nora! Der Schrei hallte in meinem Inneren und zer-riss mich fast.

»Wann wachst du endlich auf?«, flüsterte sie in mein Ohr.

Ich hab auf dich gewartet!

Doch sie antwortete nicht und jede Reaktion blieb unsichtbar im Schoß der Nacht. Angestrengt lauschte ich ihren Atemzügen.

Die Essenz aus Lavendel und Jasmin lockte mit Stille. Nora, die Hüterin meiner Träume. Ihre weiche Hand berührte meine Stirn und ich flog.

Eine Nacht wie so viele: Göttin der Schattenwelten, ihre Schritte fast unhörbar auf Linoleum. Nichts durchbrach den mystischen Schleier. Ein gehauchter Kuss auf meine Wange.

»Hallo Max. Sprichst du heute mit mir?«

Nora. Ich liebte sie, sog ihren Geruch tief in meine Lungen. Sie ergänzte mich, beschenkte mich, belebte mich, Seelenverwandte seit Äonen.

»Schon gut.« Ihr Zeigefinger auf meinen Lippen.

Träume ich dich?

»Es macht keinen Unterschied. Ich verstehe dich auch so.«

Ich überlegte lange. Sogar noch im Schlaf.

Im Schutz der Dunkelheit lotete ich Grenzen aus. Jedes ihrer Worte schlug eine Brücke durch Zeit und Raum. Umhüllt von einem einzigartigen Duft pflanzte die Frau ohne Gesicht eine neue Saat in meinen Geist. »Sag mir, wer du bist.« Ob sie wusste, dass ihre Frage alles verändern würde?

Ich horchte auf ein Echo in meinem Inneren. Ein

geselliger Mensch, Kommunikationstechniker, guter Schwimmer – Schall und Rauch aus einem anderen Leben. Das Jetzt ein Comic voller Fragezeichen.

Sie beugte sich zu mir herunter, ihre Haare kitzelten mich: »Max, wer bist du?«

Ich bin ein Krüppel. Ich werde nie mehr frei sein. Selbstmitleid ballte sich in meinem Magen zu einem widerwärtigen Klumpen.

»Vergiss nicht.« Aus ihrer Stimme klang eine Gewissheit, die ich nicht fühlen konnte. »Jede Medaille hat zwei Seiten.«

Verstand ich, was sie meinte? Fragend, fast trotzig bohrten meine Augen Tunnel durch die Nacht.

»Du bist ein Wesen mit Gedanken und Gefühlen, Träumen und Hoffnungen. Diese Freiheit kann dir niemand nehmen.«

Hör auf! Du hast keine Ahnung, wer ich bin oder wie es mir geht! Die Bestie, einmal freigelassen, kannte kein Erbarmen. Ich werde nie wieder Arme und Beine bewegen. Wo ist sie denn, deine Freiheit? Unter dem Vulkan hockte ein empfindsames Wesen, halb versunken in einem Ozean aus Resignation.

Nora schwieg, nur ihr Duft erfüllte das Zimmer. Mein Zorn ergoss sich wie schwarze Lava in die Nacht. Was am Ende übrig blieb, fühlte sich noch fremd an. Ich spürte, wie Hoffnung zaghaft ihre Flügel regte.

Viel später, sie stand schon in der Tür, enthüllte sie mir ihre Sicht der Welt. »Du bist die Kraft deines Geistes und die Liebe in deinem Herzen.« Ihr Bouquet vernebelte meinen Geist und wiegte mich in Frieden. Als spräche sie zu sich selbst, fuhr sie fort: »Wer vermag zu unterscheiden, was Traum ist und was Wirklichkeit? Lebst du dort oder hier? Du musst glauben, Max, das ist das Geheimnis. Das wird dir Heilung bringen. Vertrau mir, wahre Freiheit ist unantastbar.«

Ich erwachte mit Bleirollladen anstelle von Lidern. Es dauerte eine Weile, bis ich begriff, dass etwas Entscheidendes nicht stimmte. Das Zimmer: Es roch frisch, eindeutig anders als sonst. Ich blinzelte den Schlaf weg, beäugte eine grüne und eine gelbe Wand. Kein vergilbter Vorhang, stattdessen die blaue Weite des Horizonts.

Eine Schwester huschte herein, glättete die Bettdecke, ihre Augen wie der Himmel, ihr Mund ein großes, tonloses O. Sie verschwand, doch nicht lange, und kehrte in Begleitung zurück: Menschen in weißen Kitteln.

»Sehen Sie, Professor! Er ist wach!«

»Wo bin ich?«

Der als Professor titulierte hob die Augenbrauen. »In einem Pflegeheim.«

»Weshalb?«

»Sie hatten einen Motorradunfall, Herr Berger. Sie lagen sechs Monate in Koma und wir …« Seine Worte vermischten sich zu einem undeutlichen Brei. Ein Theaterstück, nur für mich inszeniert? Bedeutungslose Laute tanzten im Raum, mein Gehirn unfähig sie zu entschlüsseln. Wie ein Bumerang jagten sie durch meinen Schädel: sechs Monate Koma. Das konnte nur ein

Scherz sein, einfach unmöglich! Ich wusste doch, was geschehen war. Oder nicht? Die Schwester verpasste mir eine Spritze, um unnötige Aufregung zu vermeiden – worüber denn?

Als ich erwachte, schimmerte das Zimmer immer noch farbig, gedämpft von hereinbrechender Dunkelheit. In meinem Kopf Chaos, durchbrochen von kurzen Lichtblicken.

»Hallo Herr Berger. Wie geht es Ihnen heute?« Die Schwester übers ganze Gesicht grinsend.

Gute Frage. Ich versuchte, meinen Arm zu heben. Nur ein Muskel zuckte und die Vibration drang bis in die Fingerspitzen. Ich erschrak bis ins Mark.

»Es wird dauern, bis Sie wieder fit sind. Sie brauchen viel Geduld. Ihre Muskeln haben sich zurückgebildet, doch Physiotherapie kann Wunder bewirken. Alles eine Frage der Übung, glauben Sie mir.«

Wie ein Idiot starrte ich sie an.

Was als Ermutigung gedacht war, bewirkte das Gegenteil. Also war ich nicht hoffnungslos gelähmt, sondern nur vollkommen bewegungsunfähig. Endlose Stunden qualvollen Trainings zogen an meinem inneren Auge vorbei. Das Ziel in unerreichbarer Ferne, ein Gipfel über den Wolken. Resignierend schloss ich die Lider, nur allein sein … Mein Verstand schien auf Abwegen zu reisen. Lange dümpelte ich in einem Schwebezustand: Wahrheit und Traum, zwei Schwestern in einem verworrenen Tanz.

Der Herzschlag des Boxermotors im Rausch der Geschwindigkeit.

Mein Körper, hilflos. Hoffnung, nur ein blasser Schimmer am Horizont.

Frei wie ein Adler, im Sturz bereit, jederzeit den Flug elegant abzufangen.

Endlose Schmerzen beim Versuch, schlaffe Muskeln zum Leben zu erwecken.

Nora, die im Schutz der Dunkelheit meine Wangen streichelte und in mein Ohr flüsterte. Ein tiefschwarzer Ozean, wie gern würde ich in ihm versinken.

Wieder einmal flirtete ich mit dem Tod.

Plötzlich ein Gesicht ganz nah an meinem Bett, fremd und doch vertraut. Der Duft berührte mein Herz und sang von Freiheit und Abenteuer.

»Max.« Ihre Stimme satt und weich, wie ich sie liebte. Die Flurbeleuchtung schenkte ihr einen Heiligenschein.

»Nora? Bist du das?«, fragte ich.

Erinnerungen verschwammen zu einer milchigen Brühe. Über ihr schwebte ein Hauch von Lavendel im Mondschein.

Die Route 66 schlängelte sich durch die Unendlichkeit. Ich spürte die Kraft der BMW R 100, als wir uns in die Kurve legten. Der Glutball am Himmel schmolz den Asphalt und verwandelte die Luft zu einer flirrenden Fata Morgana. Heißer Wind durchpflügte meine Haare – es duftete zart nach Jasmin. Zwei Arme umklammerten mich, als ginge es um ihr Leben.

Nora, lass los!

Nie mehr!

Unser Lachen wehte in die Wüste. Lichtjahre entfernt regte sich eine Erinnerung: Vertrau mir, wahre Freiheit ist unantastbar.

Ich pumpte Luft in meine Lungen und lehnte mich in Noras Arme.

Schönheit & Vergänglichkeit

»Warum ergreift uns alle Schönheit des Lebens, statt dass wir sie ergreifen? Ach, wie der Mensch aus Erde gemacht ist und wieder zur Erde wird, so ist alle Schönheit aus Sehnsucht gemacht und wird wieder zu Sehnsucht. Wir jagen ihr nach, bis sie zur Sehnsucht wird.«

Walter Flex, 1887-1917,
aus: Der Wanderer zwischen beiden Welten

Pavels Moschus

Jutta Schöps-Körber

Der Samowar summte leise, das Wasser begann zu kochen. Rhythmisch klapperte dazu der Deckel des Wasserbehälters. Dampf stieg auf. Pavel hatte Tassen auf den schweren Eichentisch gestellt, goss in jede einen Fingerbreit Teeaufguss, füllte Wasser aus dem Samowar hinein und reichte mir meine. Ich wartete, bis auch er seinen Tschai vor sich stehen hatte. Ich fühlte mich wohl. Es war so gemütlich in Pavels dämmriger Wohnstube. Das Singen des Samowars, der Duft des Getränks, der nun in meine Nase stieg, Pavels Nähe.

Ihn anzusehen, machte mir Freude: sein dichtes, braunes Haar, durch das ich so gerne mit meinen Händen fuhr, die hellen Augen, in die ich mich so oft versenkte, seine schmalen Lippen, auf die ich voller Leidenschaft meine eigenen drückte. Pavel süßte den Tee mit Marmelade, schaute hoch und bemerkte, dass ich ihn beobachtete. Er griff nach meiner Hand. Lächelte. Doch dieses Lächeln ließ mir das Herz schmerzen.

Meine Zeit in Sibirien war abgelaufen, ich musste zurück nach Nizza.

»Was treibt dich um?«

Pavel schien zu ahnen, was mich bedrückte. Er setzte sich zu mir, legte einen Arm um mich. Wie schön es doch war, ihm so nah zu sein!

»Dein Mann lebt nicht mehr, deine beiden Jungs sind erwachsen und dein Russisch wird von Tag zu Tag besser. Was willst du in Frankreich? Arbeiten kannst du auch hier.«

Ich kuschelte mich an ihn. Pavel küsste mich.

»Ich räume dir den Schuppen frei. Ich kann Fenster einbauen, elektrische Leitungen legen. Du wirst sehen, es wird ein wunderbarer Arbeitsplatz für dich werden, mit Blick in den hellen Himmel oder auf das sonnendurchflutete Birkenwäldchen.«

»Quäl mich nicht, Pavel. Du weißt genau, in Frankreich ist der Tisch für meine Arbeit reich gedeckt, von Nizza ist es nur ein Katzensprung nach Grasse und mein Lehrer René …«

»… hat dich niederträchtig im Stich gelassen«, unterbrach mich mein Freund. »Du hast mir doch selbst erzählt, wie hochnäsig er ist. ›Talent haben Sie, ohne Frage. Aber es fehlt das Überraschungsmoment, der zündende Funke, das Außergewöhnliche. Ich muss auf Jüngere setzen, Julie, die sich noch entwickeln können.‹ Erinnerst du dich an seine Worte?«

Natürlich hatte ich dieses Gespräch nicht vergessen, aber ebenso wenig meine Antwort:

»Das klingt ja so, als ob ich mit 51 schon völlig ver-knöchert wäre!«

»Hier«, Pavel ereiferte sich, »hast du bessere Voraus-setzungen: Ruhe, keinen Druck und du findest auch ge-nügend Pflanzen für dein Parfum: Estragon ist ein Kind Sibiriens, Zedernnüsse gedeihen ausgezeichnet, der Moschushirsch lebt in unseren Bergwäldern, und denke an unseren Storchschnabel, von dem du sagst, er rieche nirgendwo würziger. Hier könntest du etwas Außerge-wöhnliches kreieren, ein Parfum mit einer besonders aromatischen Note: Russisches Wasser.«

»Gewissermaßen ein Pendant zu Kölnisch Wasser?« Ich atmete tief durch. Pavels Drängen schmerzte. Seine Liebe zu mir schien tiefer zu wurzeln als meine zu ihm. Ich konnte an nichts anderes mehr denken als an mein Parfum. Was für ein Triumph würde es sein, wenn ich einen wunderschönen Flakon in meinen Händen hal-tend vor René treten könnte!

»Du weißt, mein Traum ist es, ein Parfum mit der Mimose als Herznote zu erschaffen, und dieser Strauch gedeiht nun mal nicht in dem rauen Klima deines Lan-des.«

»Du hast eben keine Ahnung«, meinte Pavel trotzig, »Mütterchen Russland verfügt über mehr Schätze, als du dir träumen lassen kannst. Und Mimosen wachsen auf der Krim mindestens genauso viele wie bei euch in Grasse – sie flammen dir entgegen, jetzt, im Frühling. Komm, wir fahren hin, sofort! Ich besorge dir Säcke voll von Mimosen!« Er riss mich an sich, versenkte sein

Gesicht in mein Haar. Als er mich schließlich losließ, wiederholte er: »Keine Ahnung hast du!« Er stürzte seinen Tee fast in einem Zug hinunter und setzte die Tasse so heftig auf dem Unterteller ab, dass es klirrte. Aber seine merkwürdige Stimmung hielt nicht lange an.

»Ich habe Lust, Myrrhe zu räuchern«, meinte er und kurz danach stieg der angenehm süßliche Duft des Harzes empor. Pavel setzte sich erneut an meine Seite und gemeinsam sahen wir zu, wie sich der Rauch kräuselnd zu den dunklen Balken der Zimmerdecke erhob. Hin und wieder streute Pavel weitere Myrrhenkörnchen auf die glühende Kohle.

Wir blieben still, jeder mit seinen Gedanken beschäftigt, ich umwoben von einem Duft, der meine Seele von ihren Sorgen befreite. Ich war gelöst und heiter. Nizza entfernte sich von Irkutsk und mein Herz war Pavels so nahe wie schon lange nicht mehr.

Die Nacht stahl sich durch die Fenster. Pavel stand auf und vertrieb den Zauber, als er die Stehlampe neben dem Sofa anknipste.

»Julischka, wir müssen sprechen.« Er zog mich auf die Couch, und ich kuschelte mich in seine Arme. So geschützt konnte ich besser ertragen, was er mir zu sagen hatte.

»Ich verstehe deinen Wunsch, ein großartiges Parfum zu erfinden. Du hast die Gabe dazu und auch den analytischen Geist. Aber alle Künstler, und Parfümeure gehören zu ihnen, müssen auch Träumer sein, Fantasten, Verrückte, Durchgeknallte.«

»Ich bin zu dir gekommen, das ist durchgeknallt genug.«

»Stimmt. Es gibt jedoch noch andere Gründe, warum du für dein Parfum hier in Russland bleiben musst. Erinnere dich, Ernest Beaux, der Bouquet de Napoleon schuf, ist Franzose, in Moskau geboren, wo er arbeitete und seine Triumphe feierte. Selbst als seine Kollegen beim Ausbruch der Oktoberrevolution nach Frankreich flohen, blieb er in Russland.«

»1919 ging er aber doch nach Frankreich und schuf dort Chanel N° 5 …«

»… nachdem seine Ehe gescheitert war. Es ist unmöglich, etwas Einmaliges zu erschaffen, wenn man ständig an seinen Liebeskummer erinnert wird. Es blieb ihm nichts anderes übrig, als das Land zu verlassen. Und so erhielt die Welt Chanel N° 5. Vielleicht begehren es die Frauen so sehr, weil sie in dem Duft Beaux' große Traurigkeit spüren. Welches Gefühl soll die Basis deines Parfums werden, Julischka? Liebe?«

»Warum diese Frage?«

»Ist es Liebe?«, bohrte Pavel.

»Pavel, setz mich nicht unter Druck. Du musst es doch fühlen. Du musst dein Herz befragen.« Ich stand auf. Es war spät geworden. Pavels Drängen verstimmte mich. Ich wollte schlafen, träumen …

Auf dem Bahnsteig warteten nur wenige Menschen. Dennoch war es mir peinlich, dass Pavel mich fest umschlungen hielt. Endlich erlöste mich das Schnauben des einfahrenden Zuges. Ich gab vor, die Nummern auf den einzelnen Waggons zu studieren, um möglichst rasch zu meinem reservierten Platz zu kommen. In Wahrheit wollte ich nur weg. Ich drehte mich nicht um, obwohl Pavels Blicke durch meinen Rücken mitten in mein Herz drangen und ich selbst den Schmerz der Trennung kaum ertragen konnte. Hastig stieg ich in irgendeinen Wagen.

Der Zug war überfüllt. Die Reisenden befanden sich überall: in den Abteilen, in die sie sich quetschten, in den Gängen, die sie verstopften, gefährlich nahe an den Türen. Mich erstaunte die farbenprächtige Kleidung der Frauen, aus ziemlich dünnem Stoff, gar nicht angebracht für diese Jahreszeit. Die Frühlinge in Sibirien kommen zaghaft und bringen kaum mehr als 20 Grad Celsius mit sich. Ich entdeckte rosenartige Kleider aus Organza, einige Damen waren in Ballonröcke geschlüpft, reifen Orangen nachempfunden, andere trugen Blusen in der Farbe der Bergamotte. Ein Kleid erinnerte mich an die Blüten von Ylang-Ylang. Ich versuchte mich an den Menschen vorbeizuschlängeln, doch lautes Gekicher und Gekreische ließen mich neugierig stehen bleiben. Im Rhythmus des Zuges, der die Fahrgäste bald nach rechts, bald nach links warf, schwankte eine sonderbare Prozession an mir vorbei: Vorneweg marschierte eine Dame, die allerliebst aussah. Den engen Rock ihres mimosengelben Kleides zierten aufgenähte goldgelbe Federbällchen. Nur das Oberteil war schlicht gehalten und schmiegte sich eng an ihre Brust. Ihr folgte ein

Wesen in zartem Storchschnabel-Violett. Es saß auf einem Moschushirsch, der sehr possierlich daherschritt. Hinter ihr ritten drei Damen auf einem rot-grün gestreiften Pottwal, der mühselig über den Boden robbte. Die Nachhut bildete eine Frau in einem zederngrünen Kleid, unter dem ein estragongrüner Unterrock hervorblitzte.

Ich wollte endlich an meinen Platz gelangen. Doch ein Durchkommen in den überfüllten Gängen schien hoffnungslos. Schon schaute ich mich nach einem möglichst bequemen Stehplatz um, als sich der Zug in eine Rechtskurve legte und mich gegen jemanden warf. Ich blickte auf. Ich lag in den Armen eines etwa dreißigjährigen Mannes.

»Das sind echt russische Verhältnisse«, erklärte dieser und kam damit meiner Entschuldigung zuvor, »man stopft so viele Menschen in die Züge, bis man die Türen kaum mehr schließen kann.«

»Vraiment!« Ich verfiel ohne nachzudenken in meine Muttersprache. »Vous avez raison – Sie haben recht. Und dabei habe ich reserviert.«

»Ah, Sie sind Französin, n'est-ce pas? Kommen Sie, kommen Sie. In unserem Abteil findet sich noch ein Plätzchen.« Er griff nach meinem Koffer, riss die Tür auf, vor der er stand, schob mich vorwärts und schrie:

»Messieurs, hier ist eine Dame aus unserem schönen Frankreich. Sie hat irgendwo in diesem chaotischen Zug einen Platz reserviert, aber dank der Unfähigkeit des russischen Personals, die Waggons richtig zu nummerieren, kann sie ihn nicht finden. Ich sagte ihr, sie wäre bei uns willkommen, d'accord, Messieurs?«

Und so kam ich zu einem Sitzplatz in einem Coupé für vier. Mein Koffer wurde in das Gepäcknetz geworfen, ich plumpste auf den letzten freien Platz und streckte erleichtert meine Beine aus.

Jetzt hatte ich Gelegenheit, einen Blick auf die drei Herren zu werfen. Mein Kavalier, ein wahrlich schöner Mann, wie ich feststellte, trug einen schwarzen Anzug und ein faltenfreies weißes Hemd, was mich wunderte, denn der Zug war bestimmt schon zwei Tage unterwegs. Seinen weißen Kummerbund hielt ich für maßlos übertrieben, doch als ich den zweiten Herrn betrachtete, wunderte ich mich noch mehr. Dieser war nämlich mit einer Uniform aus dem 19. Jahrhundert bekleidet. Seine dunklen Augen funkelten mich an und die Orden an der linken Brust blitzten. Besonders interessant erschien mir der Schnauzbart, dessen Enden à la Wilhelm II. nach oben gezwirbelt waren. Aber ehe ich über diese Absonderlichkeiten länger nachdenken konnte, war Monsieur schon aufgesprungen, schlug die Hacken zusammen und rief: »Stefano Frecceri, wenn es belieben, Madame.«

»Der Frecceri, der Acqua di Genova für das Königshaus Savoyen erschuf?«, stammelte ich.

»Gewiss, Gnädigste!«, mischte sich nun der dritte Fahrgast ein. Ich drehte mich zu ihm um. Er hatte es sich in Morgenmantel und Pantoffeln bequem gemacht, was keineswegs zu seiner Frisur passte. Sein Haar war nämlich in enge, gleichmäßige Locken gelegt und wie eine Perücke aus der Barockzeit weiß gepudert. Der Fremde griff nach meiner Hand, deutete – ganz, wie es sich gehörte – einen Handkuss an und meinte: »Immer zu Ihren Diensten, Madame. Johann Maria Farina, der Mann, der das Kölnisch Wasser kreierte. Ich hoffe, Sie verzeihen mir, es ist gewöhnlich nicht meine Art, mich mit meiner Arbeit zu brüsten. Aber bevor Sie der ehrenwerte Ernest Beaux durch unsere Abteiltür schob und die Sonne zum zweiten Mal an diesem Tage aufging, waren wir gerade in einen Disput verwickelt. Wir stritten darüber, wer von uns die Damen mit dem bedeutendsten Duftwasser beglückt hätte. Nun, vielleicht können Sie uns helfen, Madame? Ich bin sicher, Sie kennen sich mit solchen Dingen aus.«

Ich war vollkommen durcheinander, fühlte mich aber gleichermaßen geschmeichelt.

»Oh, ich bin selbst Parfümeurin«, gestand ich und spürte, wie ich errötete.

»Vraiment?«, schrie Ernest. »Mein lieber Johann, mein verehrter Stefano, haben Sie das gehört? Gnädigste beschäftigt sich mit der Herstellung von Parfum! Madame, c'est formidable, das ist außergewöhnlich, außerordentlich, um nicht zu sagen aufsehenerregend! Wie war das, Johann, erwähnten Sie nicht, Sie transportierten Champagner in einem Ihrer Koffer? Mon Dieu, lassen Sie uns den jetzt trinken, eine Parfümeurin in unserem bescheidenen Coupé! Madame, Sie müssen sich erklären, wie heißen Sie? Und, wenn es nicht zu viel verlangt ist, so flehe ich Sie an, erzählen Sie uns von Ihrem Parfum!«

Ich wartete, bis der Champagner in den Gläsern perlte. Dann stellte ich mich vor und sprach über meinen Traum und darüber, dass ich anscheinend nicht in der Lage war, diesen zu verwirklichen. Während Farina sich intensiv dem Getränk in seinem Glas widmete, begann Frecceri zu glühen. »Ah, Julie, das ist auch nicht so einfach. Sehen Sie, ein gutes Parfum ist wie ein Gedicht: zart, gefühlvoll, an die Seele greifend, so in der Art, wie der Cousin von Lew Tolstoi schrieb, Alexei Konstantinowitsch.«

»Unsinn!«, unterbrach ihn Beaux. »Niemals können Worte einen Parfümeur inspirieren. Wenn diesem nichts mehr gelingt, so bringt ihn die Musik wieder auf den rechten Weg. Julie, Sie müssen Tschaikowsky hören, ah, durch seine Musik werden Sie beflügelt, Ihr Geist erhebt sich zum Himmel und genauso muss ein Parfum sein: himmelstürmend!«

»Ich weiß nicht«, warf Frecceri ein, »was ist mit der Malerei? Kann nicht auch sie Anregung für ein Parfum sein? Marc Chagall mit seinen leuchtenden Farben hat Bilder mit tiefer Symbolik geschaffen. Ich denke, auch ein Parfum sollte solch brillante Bilder entstehen lassen.«

Farina war weiterhin mit seinem Champagner beschäftigt. Mir schwirrte der Kopf. Der Franzose Beaux, der in Russland lebte und arbeitete, verehrte Marc Chagall, den Russen, der in Frankreich studierte. Frecceri war von Alexei Konstantinowitsch' Gedichten angetan, von denen manche von Tschaikowsky vertont wurden. »Alle Fäden scheinen in Russland zu enden«, schoss es mir durch den Kopf. »Danach müsste ich bleiben.«

Doch plötzlich drang Klaviermusik zu mir herüber. Sie wurde allmählich lauter und verständlicher. Ein Mann sang. Er weckte eine Erinnerung in mir. Was ich hörte, war Tschaikowsky und der Sänger hieß Dmitri Alexandrowitsch Chworostowski. Ich hatte ihn vor Jahren in Nizza gehört. Also nicht in Russland, die Fäden endeten in Frankreich. Nun war ich mir sicher: Ich musste zurück ans Mittelmeer. Dort würde ich mein Parfum finden.

Wenige Tage nach diesem seltsamen Traum flog ich nach Nizza zurück. Zu René ging ich nicht.

Zu Hause in meiner Wohnung begann der Kampf. Welchen Duft sollte ich für die Kopfnote wählen? Welcher spräche das Herz an und auf welchen sollte sich alles gründen?

Ich fühlte mich zerrissen. Meine innere Unruhe war unerträglich. Doch dann fiel mir mein Traum ein und erneut fing ich an zu experimentieren: Mit Orangen, Limetten, Bergamotten begann ich. Ich versuchte es mit Ylang-Ylang und Mimose, immer wieder mit Mimose. Aber jede Duftmischung, die entstand, schien mir schal, nichtssagend, schon da gewesen. Ich war nicht fähig, einen außergewöhnlichen Duft zu kreieren. René hatte recht: Ich konnte nur Mittelmäßiges fertigbringen. Vielleicht sollte ich aufgeben?

Unwirsch schob ich meine letzte Testreihe beiseite. Ich brauchte frische Luft.

Auf dem Weg nach draußen bemerkte ich ein Päckchen auf der Kommode im Flur. Es lag dort schon seit zwei Tagen. Pavel hatte es geschickt. Pavel, den ich nie anrief, dem ich nicht schrieb, den ich weggeschoben hatte, geopfert für meine Liebe, für mein Parfum, das nicht geboren werden wollte. Ich riss das Päckchen auf, entnahm ihm einen Zettel:

Liebste,
Ich habe einen alten Freund aufgetan. Er ist Arzt für traditionelle chinesische Medizin. Diese Dokto-ren verwenden noch immer tierischen Moschus. Von ihm erbettelte ich mir ein paar Gramm. Die sende ich dir für dein Parfum.
Beeile dich, ich möchte dich bald wieder in meine Arme schließen.
Pavel.

Während des Lesens begann mein Herz heftig zu klopfen. Das Papier in meinen Händen zitterte. Pavel liebte mich unendlich, das war mir jetzt klar. Wie muss-te er sich bemüht haben, an diesen echten Moschus zu gelangen! Wie viel er dafür bezahlt hatte, wagte ich mir gar nicht vorzustellen.

Der Drang, die Wohnung zu verlassen, war vergan-gen. Jetzt hieß es arbeiten. Bergamotte und Estragon sollten die Kopfnote bestimmen. Das Herz meines

Parfums bildeten Mimose und Storchschnabel. Pavels Moschus würde die Basis sein. Ich war so glücklich, so unendlich glücklich. Ich würde der Welt ein neues Parfum schenken! Dafür wollte ich arbeiten, Tag und Nacht.

Im zeitigen Frühjahr war ich von Irkutsk nach Nizza aufgebrochen. Im späten September kehrte ich nach Sibirien zurück. Im Gepäck lag kein aufwendiger Flakon, wie ich mir einst erträumt hatte, sondern nur ein schlichtes Fläschchen. Sein Inhalt jedoch war umso prächtiger. Ich hatte es geschafft, mein Parfum kreiert. Selbst René war begeistert. »Julie, chérie, du wirst berühmt werden. Wir werden gleich einen Vertrag aufsetzen. Ich kaufe das Rezept.« Aber ich winkte ab. Dieses Duftwasser gebührte nur einem allein, Pavel.

Doch als ich im Irkutsker Flughafen den Zoll glücklich umgangen hatte, fand ich meinen Freund nicht in der Eingangshalle. Ich versuchte, ihn anzurufen, aber niemand nahm ab. Ein Taxi brachte mich zu seinem Haus, hielt an. Mein Herz klopfte mir bis zum Hals. Irgendetwas wirkte fremd. Ich bezahlte den Fahrer, schob meinen rechten Fuß zur Autotür hinaus, stieg aus. Und während das Brummen des wegfahrenden Wagens sich allmählich verlor, stand ich vor dem dunkelbraunen Holzhaus. Über allen Fensterstöcken prangten feinste weiße Schnitzarbeiten, unter dem Dach lief ein weißer Fries von Holzschnitzereien, die an geklöppelte Spitze erinnerten.

»Dem Zuckerbäckerstil nachempfunden«, hatte Pavel mir erklärt. Es war ein bemerkenswertes Haus, ein Haus, in dem ich glücklich gewesen war. Voller Freude hatte ich morgens die Fensterläden aufgestoßen, um die Frühlingssonne hereinzulassen, doch nun konnte die Herbstsonne, die noch so warm und golden schien, keinen Winkel im Haus erreichen, denn alle schneeweißen Fensterläden waren geschlossen.

»Julischka?« Ich flog herum. Aber es war nicht Pavel, der gerufen hatte, es war sein Nachbar. »Sie hier? Warum kommen Sie erst heute? Die Beerdigung war doch schon vor Tagen.«

Pavel war an Krebs gestorben. Er wollte sich nicht operieren lassen, weil ihm das Leben ohne mich sinnlos erschien. Ich hatte keine Gelegenheit mehr, dem zu danken, dem ich so viel schuldete.

Das Rezept meines Parfums verkaufte ich übrigens doch noch an René. Es kam unter dem Namen *Pour Pavel* auf den Markt. Glücklich machte mich mein Erfolg nicht.

Der tödliche Duft der Isabella Romanowa

Martina Moritz

»Ein Parfum ist nur ein Parfum«, sagte Nachbar Georges zu mir, bevor jene wundersame Verwandlung in ihm vorging. »Manche Kreationen werden berühmt, andere verschwinden auf Nimmerwiedersehen und wieder andere duften, als hätte ein Metzger sie kreiert. Das ist nichts für mich, meine Liebe. Terrible, tout simplement terrible.« Er hielt sich die Nase zu.

Georges' Tiraden amüsierten mich. An allem hatte er etwas auszusetzen, ständig schimpfte er über die Preise, über die Regierung und über den Verkehr, am liebsten jedoch beklagte er sich über die schwerhörige Madame Clemenceau, die einen Stock über ihm wohnte und die mit Vorliebe morgens ab neun klassische Musik in Jahrmarktlautstärke hörte.

Seit ich jedoch jene unglaubliche Entdeckung in einem Trödelladen in Nizza machte, ist Georges wie ausgewechselt. Ich erinnere mich genau. Es geschah vor vier Wochen an einem heißen Sommertag im August. Ich spazierte durch die Altstadt von Nizza, lief die belebte Rue Auguste Beaumont hinunter, bummelte vorbei an Eiscafés, Boutiquen und Brasserien und stand schließlich vor einer doppelflügeligen Holztür, auf der ein Messingschild für Monsieur Brunels Antiquitäten und Kuriositäten warb.

Schon oft war ich diese schmale, sonnengeschützte Straße entlangflaniert, im Winter, um einen wärmenden Pastis zu trinken, im Sommer, um der stickigen Luft zu entfliehen, die jeden Winkel meiner Wohnung durchdrang, doch dieser Kuriositätenladen war mir nie zuvor aufgefallen. Neugierig drückte ich die Klinke des Tores hinunter. Ich zögerte, ging einige Schritte und sah mich unsicher in dem efeuberankten Innenhof um, an dessen Wänden sich Terrakottagefäße aneinanderreihten, in denen himbeerrot leuchtende, mannshohe Oleandersträucher blühten.

Still war es hier, nicht ein Ton von der Straße war zu hören, ein weiteres messingfarbenes Schild verwies auf das Geschäft und so nahm ich meinen Mut zusammen, stieg bedächtig die Stufen der silbergrauen, kaum benutzten Steintreppe hinunter und konnte nicht ahnen, dass diese Schritte in Monsieur Brunels Reich meine Welt für immer verändern sollten.

Verblüfft schaute ich mich um. Dies war keiner jener verträumten Antiquitätenläden, wie es sie zu Dutzenden in Nizza gab. Vor meinen Augen offenbarte sich ein riesiger Saal, groß wie ein Fußballfeld, der bis unter die Decke vollgestopft war mit Möbeln, Geschirr,

Gemälden, Büchern und Lampen. Fasziniert spazierte ich die Gänge entlang, die sich wie Adern durch den Saal zogen, ließ meine Blicke über die verstaubten Regale wandern, zwischen denen Spinnen ihre filigranen Netze gewoben hatten, und blieb schließlich vor einem Sekretär stehen, dessen Form mich an eine überdimensionale Violine erinnerte.

»Ein besonderes Stück«, sagte eine Stimme hinter mir. »Ein Lyra-Sekretär von 1830, in Auftrag gegeben von der Gräfin Isabella Romanowa für ihren Geliebten, den Musiker Michail Borodin.« Ruckartig drehte ich mich um. Ein Mann um die achtzig lächelte mich freundlich an. Unzählige Falten umrandeten seine braunen Augen, um seine Hüften schlackerte eine dunkelblaue Strickweste. »Sie haben richtig gehört, Madame. Eine russische Gräfin hat das Möbel vor fast 200 Jahren für ihren Liebsten Michail, der Violine im Orchester des Zarenhofes spielte, anfertigen lassen. Ich habe es vor vielen Jahren auf dem Dachboden einer schwer kranken Händlerin in Minsk entdeckt. Sie sagte, es berge ein Geheimnis, das nur derjenige zu lüften vermag, den der Sekretär sich als Käufer aussucht.«

Ich zog ungläubig die Augenbrauen hoch.

»Da staunen Sie, nicht wahr? Drei Interessenten hatte ich bisher, einen Kaufmann aus Marseille, eine Schauspielerin aus Brüssel und ein Ehepaar aus Rouen, doch jedes Mal, wenn wir das gute Stück von seinem Platz bewegen wollten, schien es, als lägen Bleiplatten darauf. Gräfin Isabella und ihr Michail schrieben sich flammende Liebesbriefe und zum Dank für diese außergewöhnliche Liebesgabe soll Michail Isabella ein Geschenk gemacht haben, von dem niemand weiß, was es damit auf sich hat. Es heißt, Michail habe den Zauber von Isabella eingefangen.«

Ich starrte den Sekretär an. Michail, der Musiker … Der alte Mann, der unzweifelhaft Monsieur Brunel sein musste, spürte wohl meine Ergriffenheit. Schweigend entfernte er sich. Eine unglaubliche Geschichte war das. Noch unglaublicher schienen die Parallelen. Auch mein Freund spielte Violine, in einem philharmonischen Orchester, er hieß Michael und wie Michail und Isabella schrieben wir einander glühende Liebesbriefe. Da mein *Michail* in München wohnte und ich in Nizza, sahen wir einander weniger, als uns lieb war.

Ich ließ meine Hände zärtlich über die polierte Mahagoni-Oberfläche gleiten. Die unzähligen Schubladen mit den goldenen Beschlägen faszinierten mich, ausgiebig betrachtete ich die ungewöhnliche Form des Möbels. Ich dachte an Isabella und Michail. Das geheimnisvolle Geschenk ließ mir keine Ruhe. Ich zog ein Dutzend Schubladen auf, warf einen Blick hinein, schob sie wieder zu, bückte mich, öffnete weitere, größere Schubladen, erhob mich und entdeckte schließlich auf halber Höhe einen kleinen Spiegel, der wie eine silberne Wand in eine Vertiefung eingelassen war.

Neugierig streckte ich meine Hand aus und berührte den Spiegel. Lautlos fuhr er zur Seite. Ich fand einen Hohlraum, irgendetwas stand darin, es reflektierte das

Licht der Deckenlampen. Meine Hand zitterte, als ich in die Dunkelheit griff, Kühle berührte meine Haut, ich zuckte zusammen, und als ich mich wieder gefangen hatte, kam ein durchsichtiger Kristallflakon mit einer opalschimmernden Flüssigkeit zum Vorschein. Ich zögerte, dann zog ich den Stopfen aus dem bauchigen Gefäß, ließ meine Nase über der Öffnung kreisen, benetzte die Kuppe meines rechten Zeigefingers mit der mir seltsam vertrauten Essenz und strich mit dem solchermaßen parfümierten Finger über meinen Hals.

Ein Schwindel erfasste mich. Verwoben aus Liebesnächten in Sankt Petersburg und sehnsuchtsvollen Briefen stieg ein Duft auf, der süß und unverdorben über meine Sinne geradewegs durch meine Adern jagte. Er durchflutete jeden Winkel meines Körpers. Eine Leichtigkeit überkam mich, dass ich glaubte, fliegen zu können. Atemlos rief ich nach Monsieur Brunel.

»Das ist es also«, sagte er ehrfürchtig und betrachtete den Flakon, als hätte ich einen Diamanten entdeckt. Seine Augen leuchteten. »Dieser Sekretär und sein Geheimnis haben die ganze Zeit auf Sie gewartet.« Er schüttelte ungläubig den Kopf. »Wenn Sie gestatten, würde ich Ihnen dieses Möbel gerne schenken. Machen Sie mir die Freude, Madame. Dies kann kein Zufall sein. Nehmen Sie den Sekretär. Ich denke, Isabella hätte es so gewollt.«

Wenige Tage später stand der Sekretär in meinem Wohnzimmer. Hatte man ihn zuvor nicht von seinem Platz im

Antiquitätenladen bewegen können, so sei er nun leicht wie eine Feder gewesen, hatte Monsieur Brunel mir fassungslos am Telefon versichert. Ich tupfte einen Hauch von Isabellas Parfum hinter meine Ohrläppchen.

Es klopfte. Ich öffnete die Tür. Ein Klavierstück von Hector Berlioz hallte durch den Flur. Ich bat George, der angesichts Madame Clemenceaus lautstarker Musik die Augen verdrehte, in meine Wohnung. Er streckte die Hand aus, förmlich wie immer, dann fixierte er mich, sog die Luft ein, als wolle er sie trinken, und machte einen Satz auf mich zu. Vor Schreck ließ ich das Tablett mit den Erdbeer-Tartletts fallen.

Dass George mich einmal umarmen würde, war so wahrscheinlich wie die Landung Außerirdischer auf den Champs-Élysées. Statt sich über die gestiegenen Preise für roten Bordeaux zu beschweren und mir zuzuschauen, wie ich den Kuchen vom Boden aufhob, lief er in die Küche, kehrte mit Handfeger und Kehrblech zurück und beseitigte das Malheur bis auf den letzten Krümel.

Georges' Benehmen verwirrte mich. Wann immer er in meine Nähe kam, blieb er abrupt stehen und atmete tief durch, als stünde er vor einem gewaltigen Ozean. Er schimpfte nicht mehr über Madame Clemenceau, trug meine schweren Einkaufstaschen bis in den dritten Stock hinauf und drückte mich bei jeder Begegnung, als wolle ich zu einer halbjährigen Safari aufbrechen.

Ereignisse wie diese häufen sich in letzter Zeit. Die sparsame Blumenfrau auf dem Markt schenkte mir gestern

Narzissen, der Postbote, der bisher den Charme einer Bulldogge verströmte, begrüßt mich nun jeden Morgen mit Handkuss und meine wortkarge Arbeitskollegin Camille erzählt mir tagtäglich von ihrem Liebeskummer mit Jacques, der mehr Zeit in den hiesigen Fitnessstudios verbringt als mit seiner Liebsten.

Seit meinem Besuch in Monsieur Brunels Laden hat sich alles verändert. Es muss an Isabellas Parfum liegen. Benetze ich meinen Hals und meine Ohrläppchen mit der opalschimmernden Flüssigkeit, zieht der Duft Kreise wie ein Teich, in den man Kieselsteine wirft. Ein Hauch dunkelroter Rosen, eine Prise Sandelholz und ein Versprechen durchströmen unsichtbar die Luft. Lächle ich, lächeln die Menschen zurück, frage ich, erhalte ich freundlich Antwort, ist jemand verärgert, beruhigt er sich schnell. Es ist, als würden die Atome in meinem Körper sich zu einer perfekten Einheit anordnen.

Michael versteht das nicht. »Du hast dich verändert«, sagt er am Telefon. Wie so oft prasseln seine Vorwürfe auf mich herab. »Seit du dieses Parfum entdeckt hast, bist du nicht mehr du selbst. Du glaubst doch nicht im Ernst, dass dieses Zeug magische Kräfte besitzt? Nur, weil eine russische Gräfin es benutzt hat? So ein Unsinn, komm zu dir, Irina, solche Geschichten gibt's nur im Märchen. Und Märchen nehmen, wie du weißt, oft ein böses Ende.«

»Mit uns ist es zu Ende«, antworte ich kühl. »Du hast keine Ahnung, was ich entdeckt habe. Die Welt ist wunderbar mit diesem Parfum, die Menschen liegen mir zu Füßen, nur du schießt quer. Ich habe einen neuen Verehrer, Wassili ist sein Name, er ist Russe wie Michail, ich habe ihn im Hafen von Nizza kennengelernt. Er ist vermögend, seine Jacht hat er nach mir benannt – Irina. Sie ist länger als alle anderen Schiffe im Hafen und mit wundervollen Antiquitäten ausgestattet. Deinen Besuch und die Walnuss-Pralinés kannst du dir sparen. Ich ziehe kommende Woche in Wassilis Stadtpalais.«

»Das werden wir ja sehen. Ich komme gleich, ob du willst oder nicht, und bringe dich zur Vernunft!«

Ohne etwas zu erwidern, lege ich den Hörer auf. »Das wird dir niemals gelingen«, sage ich lächelnd und gehe ins Bad. Ein wunderschöner Abend mit Wassili erwartet mich. Michael interessiert mich nicht mehr. Die Musik und die Philharmonie sind sein Leben, ein Leben ohne Höhepunkte. Seine Kleinbürgerlichkeit widert mich an. Die Welt, in der ich nun verkehre, ist wie eine Wundertüte, jeder Tag bringt angenehme Überraschungen. Ich lasse Wasser in die Badewanne ein und schrecke zusammen, als jemand Sturm an meiner Tür klingelt. Wassili kann es nicht sein, seine Limousine wird mich erst in zwei Stunden abholen. Georges ist in Urlaub und Madame Clemenceau döst sicher längst in ihrem Lieblingssessel. Verwundert drehe ich den Wasserhahn zu.

Als ich die Tür öffne, bietet sich ein vertrauter Anblick. Michael hält in seiner rechten Hand einen Strauß Veilchen.

»Du bist es«, sage ich, gehe zurück ins Bad und drehe den Wasserhahn wieder auf.

Michael folgt mir. Seine Augen sehen mich durchdringend an. »Ich bin besorgt, Irina. Komm zur Besinnung! Du kennst nur noch dich selbst. Seit acht Jahren sind wir ein Paar und jetzt legst du mich ab wie einen alten Mantel. Ich bitte dich, lass die Finger von Wassili, du hast dich bisher nie für Luxusjachten und teure Möbel interessiert. Im nächsten Jahr wolltest du zu mir ziehen. Wirf unsere Liebe nicht für ein bisschen Parfum weg.« Er schüttelt den Kopf und hält mir den Veilchenstrauß entgegen.

»Offenbar hast du mich am Telefon nicht verstanden. Es ist aus, ich habe dieses langweilige Leben mit dir satt. Ich möchte sehen, fühlen, atmen, schmecken, je mehr, desto besser, und das jeden Tag. Du glaubst doch nicht wirklich, dass ich zu dir ziehe und als Frau eines minderbemittelten Musikers mein Leben friste?« Ich ziehe die Augenbrauen hoch.

Michael wird blass. »Du willst es also nicht anders.« Er verlässt das Bad, geht ins Wohnzimmer, ich folge ihm. Er baut sich vor dem Sekretär auf und beginnt systematisch, das Möbelstück zu untersuchen.

»Wo ist es?«, fragt er.

»Das werde ich dir nicht verraten. Geh! Verlass meine Wohnung.« Ich deute auf die Tür.

»Nicht ohne dich«, sagt er, während er alle Schubladen aufreißt und den Inhalt auf dem Boden verstreut. »Sag mir, wo du es versteckt hast!«

»Finde es doch selbst.« Ich verschränke meine Arme und beobachte ihn. Seine Augen verengen sich zu Schlitzen. Sorgfältig tasten seine Hände über jede Rundung des Sekretärs. Unvermittelt hält er inne und richtet sich auf. Seine Blicke wandern durch das Wohnzimmer. Als er die Couch sieht, tritt ein Leuchten in sein Gesicht. »Die Puppe«, ruft er triumphierend. Glühende Nadeln durchbohren mich. Mit einem Aufschrei stürze ich zur Couch und reiße die Puppe aus Kindertagen an mich.

»Gib sie mir«, fordert er und kommt auf mich zu. Seine Stimme zittert, schnell packt er meine Handgelenke und reißt sie nach hinten. Mit einem Schmerzensschrei lasse ich die Puppe fallen.

»Warum bin ich nicht schon vorher darauf gekommen«, sagt er. »Als Kind hast du all deine Schätze in dieser Stoffpuppe versteckt. Warum nicht auch das Parfum?« Er öffnet den Reißverschluss auf dem Rücken der Puppe, lässt seine Hand tief in die Schafwolle gleiten und befördert den Flakon zutage.

Ich reibe meine schmerzenden Handgelenke, jage in die Küche, nehme ein langes, scharfes Messer aus dem Holzblock und baue mich damit vor Michael auf. »Den Flakon«, sage ich leise.

Michael erstarrt. Wie betäubt schaut er auf das Messer in meiner Hand. »Irina, mach keinen Unsinn. Gib es mir, du bist nicht mehr du selbst, lass uns reden, wir finden eine Lösung, aber um Himmels willen lass dieses Ding fallen.«

»Das werde ich nicht tun«, stoße ich hervor und halte die Klinge fest umklammert in meiner Hand.

Wie von Sinnen stürze ich ins Badezimmer und

verriegele die Tür. Auf den Fliesen des Badezimmerbodens lege ich meine Waffe ab. Tiefes Grauen erfasst mich. Ich erinnere mich an das vergilbte Stück Papier, das ich beim Untersuchen des Sekretärs fand. Wassili hatte mir die Worte übersetzt, es war kyrillisch gewesen, niedergeschrieben von Michail. Wie Isabella hatte auch ich einen reichen Liebhaber gefunden und wie Isabella wollte auch ich mich von meinem Musiker trennen. Nach einem heftigen Streit hatte Michail Borodin einen Dolch ergriffen und die Klinge Isabella ins Herz gestoßen.

»Mach sofort auf«, schreit Michael und hämmert gegen die Tür. Ich schweige. Krachend fliegt die Tür aus den Angeln. Michaels Blick fällt sofort auf das Messer, schnell reiße ich es an mich. Die Ausbuchtung in seiner Hosentasche verrät mir, wo der Flakon steckt. Mit einem wuterstickten Schrei stürze ich mich auf ihn und ziele mit der scharfen Klinge auf seine Brust. Geschickt weicht er aus, seine Augen starren mich fassungslos an, und noch ehe ich etwas erwidern kann, entreißt er mir das Messer.

Zornig kralle ich meine rechte Hand in sein Hemd, mit der linken greife ich in seine Hosentasche, ziehe den Flakon heraus, ein Feuerwerk breitet sich plötzlich in meinem Körper aus, Glas klirrt, ich beuge den Kopf, taste mit fahrigen Blicken meinen Oberkörper ab und entdecke das Messer, das in meiner Brust steckt.

»Oh, mein Gott, Irina«, höre ich Michaels Stimme wie aus weiter Ferne rufen. Seine Arme umfassen mich, meine Wangen glühen von den Schlägen, die mich zurück ins Leben holen wollen. Ich sacke zusammen. Die Fliesen im Badezimmer sind eisig. Tränen glitzern in Michaels Augen, seine Hand streicht über meinen Kopf. Ich lächle, als ich die Gräfin Romanowa an ihrem Sekretär sitzen sehe. Sie winkt mir zu. Tief sauge ich ihren Duft ein. Das Feuerwerk in meinem Körper versiegt. Es ist still um mich herum. Dunkelheit umgibt mich. Und über allem schwebt der Glanz von Isabella.

Verborgene Schätze

Claudia Kejwal

»Merken Sie sich, Nicolas: Die Familie Delhomme beauftragt unsere Kanzlei seit 1904. Und Madame besteht auf ihrem Vorrecht, ihre Angelegenheiten immer mit dem Chef zu verhandeln.«

»Es geht doch nur um eine Testamentsänderung. Was soll ich da groß falsch machen?«, wandte Nicolas ein.

»Nicolas, versprechen Sie mir, die Details, die wir besprochen haben, zu beherzigen, wenn Sie bei Madame Delhomme sind?«

In den eineinhalb Jahren, die Nicolas nun schon bei Maître Parrain beschäftigt war, lernte er täglich Neues hinzu und saugte die diplomatische und besonnene Art des Anwalts für seine eigene Arbeit wie Sauerstoff in sich auf. Dass er heute diesen Termin wahrnehmen durfte, lag allerdings nicht daran, dass er besonders gute Leistungen gebracht, eine Belohnung verdient hätte oder Maître Parrain überlastet gewesen wäre. Für Madame Delhomme war zu jeder Tages- und Nachtzeit ein

Termin frei. Das wusste selbst die kleinste Telefonistin hier in der Kanzlei. Wobei – darüber waren alle einig – Madame Delhomme sich nie die Freiheit herausgenommen hätte, die Nachtruhe ihres Anwalts zu stören. Nein, was Nicolas die Ehre verschaffte, war ein komplizierter Beinbruch, den sich sein Chef beim Skifahren zugezogen hatte.

»Warum kommt sie eigentlich nicht zu uns in die Kanzlei?«, erkundigte sich Nicolas. »Wir könnten ja einen Chauffeur nach Saint-Germain schicken. Falls sie nicht ohnehin eigene Bedienstete hat.«

»Nicolas, ich bitte Sie! Madame Delhomme bewegt sich auf einer anderen gesellschaftlichen Ebene! In der Welt der *grande bourgeoisie* empfängt man. Abgesehen davon könnte Madame die vier Etagen ihres Stadtpalais genauso wenig hinuntersteigen, wie ich sie derzeit hochsteigen kann. Sie sitzt seit gut drei Jahren im Rollstuhl und leidet an einem schwachen Herz. Geistig ist sie mit ihren 74 Jahren allerdings in bester Verfassung.«

»Warum lässt sie sich keinen Aufzug einbauen? Wir reden hier doch von Geldadel, oder?«

»Madame Delhomme hat nach dem Tod ihres Mannes beschlossen, dass ihre Wohnung ihr Reich ist und sie die Welt draußen nicht mehr braucht. Sie werden schon sehen. So, jetzt sputen Sie sich! Es ist fast unmöglich, in den überfüllten Straßen von Saint-Germain einen Parkplatz zu finden. Ich hoffe für uns alle, dass Madame Delhomme Sie freundlich empfangen wird. Sie sind natürlich angekündigt.«

Die Nervosität des erfahrenen Anwalts überraschte Nicolas und wirkte ansteckend. Er fragte sich, was ihn an diesem Nachmittag erwarten würde.

Dass sich hinter der schweren Tür mit dem schmiedeeisernen Gitter ein begrünter Innenhof verbarg, überraschte Nicolas nicht. Früher bewohnte eine einzige Familie nebst Bediensteten das komplette Palais. Dass das Treppenhaus über keinen Aufzug verfügte, kam ihm sehr ungelegen. Schwer keuchend würde er keinen guten Eindruck machen. Dass ebendieses Treppenhaus mit Palisanderholz und Kronleuchtern aus Kristall ausgestattet war, verblüffte ihn allerdings. Und das war erst der Anfang!

Nicolas wurde von einer Gesellschafterin empfangen, die ihm den Mantel abnahm und ihn ins Vorzimmer bat. Als Rechtsanwalt verdiente man nicht schlecht; in einer solch angesehenen Kanzlei wie bei Maître Parrain eher gut. Aber dennoch war Nicolas' gesamte Wohnung kleiner und weniger feudal ausgestattet als dieses Vorzimmer. Als er in den Salon gerufen wurde, glaubte er sich in einem Gemälde wiederzufinden, das er vor Kurzem erst im Musée d'Orsay bewundert hatte. Hier wie dort dominierte eine deckenhohe Fächerpalme den Raum. Wände und Türen waren mit Seidenstoffen bespannt, deren Blumenmotiv sich in den Lampenschirmen wiederholte. Während auf dem Bild, das Nicolas in Erinnerung hatte, Ledersessel zum Sitzen einluden, sah er sich Madame Delhomme im Rollstuhl gegenüber. Als sie ihm zunickte, setzte er sich an einen kleinen Sekretär und legte seine Aktenmappe ab.

Nicht gleich zur Sache kommen, hatte ihn sein Chef ermahnt. Aber worüber sprach man in solchen Kreisen, wenn Politik, Gesundheit und Krankheit ausschieden? Ganz banal übers Wetter? Über Kunst und Kultur? Aber da Maître Parrain ihm auch eingeschärft hatte zu warten, bis das Wort an ihn gerichtet wurde, nutzte er die Zeit sich umzusehen. An den Salon schloss sich ein weiterer Raum an, in dem es funkelte und glänzte, sodass Nicolas blinzeln musste.

»Sie sind über unsere Familiengeschichte im Bilde?« Madame Delhommes Stimme klang frisch und munter, und Nicolas musste sich konzentrieren, sie nicht wegen des Rollstuhls als alt und gebrechlich zu sehen, geschweige denn so zu behandeln.

»Ich weiß, dass Ihr Vater einer der bedeutendsten Glaskünstler Frankreichs war. Seine Kreationen haben einen hohen Sammlerwert, speziell wenn das Glas keine Beschädigungen aufweist. Sein Credo lautete: *Der Flakon muss das Wesen des Parfums widerspiegeln, für das er geschaffen wird.* Ich muss zugeben, dass ich mich, abgesehen von unseren Akten, auch im Internet schlau gemacht habe. Derzeit kann man sogar einen Georges-Delhomme-Flakon ersteigern. Die Fotos sehen gut aus.«

»So so, gut sehen sie aus, sagen Sie! Sie haben also noch nie einen unserer Flakons in natura gesehen, nicht wahr?«

»Nein, natürlich nicht, leider!«, stammelte Nicolas.

»Dann darf ich Sie einladen, mir in mein Privatmuseum zu folgen. Wenn wir nach unserer Plauderei zum geschäftlichen Teil übergehen, werden Sie es schätzen, den Wert meiner Sammlung selbst beurteilen zu können.«

So unterschiedlich sie beide auch waren: Nicolas fand die Dame auf Anhieb sympathisch. Als er von Vitrine zu Vitrine ging, fühlte er ihre Blicke im Rücken und wünschte sich mehr Zeit, um jeden Flakon gebührend zu bewundern. Gerade versuchte er ihre Anzahl zu überschlagen, als ihn Madame Delhomme unterbrach: »Bemühen Sie sich nicht: Es sind 344!«

Nicolas hielt den Atem an, dann drehte er sich zu ihr um und fragte: »Alle von Ihrem Vater?«

»Nein, die Konkurrenz hat ja ebenfalls Meisterwerke geschaffen. Betrachten Sie einmal die unterschiedlichen Größen der Flakons. Früher kaufte man kostbare Behältnisse, die manchmal einen Liter Parfum enthielten! Unvorstellbar für heutige Verhältnisse, nicht wahr? Oder hier: Sehen Sie diesen Flakon mit den eingravierten Bienen? Er wurde 1853 für die Kaiserin Eugénie geschaffen und mit Eau Impériale aus dem Hause Guerlain gefüllt. Ein wunderschönes Stück!«

»Als dezente Hommage an das royale Wappen?«, kramte Nicolas aus der Schublade seiner Geschichtskenntnisse hervor.

»Ich sehe, Sie haben eine gute Ausbildung genossen. Dieser Raum steckt voller Anschauungsmaterial. Künstler haben seit jeher das Wissens- und Erfahrungsspektrum von Gegenwart und Vergangenheit eingefangen und es mit den ihnen zur Verfügung stehenden Mitteln und Talenten transformiert.«

Nicolas versuchte sich zu sammeln und fragte: »Sie werden also diese Kostbarkeiten in ihrer Gesamtheit einem Museum vermachen?«

»Sehen Sie, so schnell sind wir beim geschäftlichen Teil angelangt! In der bisherigen Fassung meines Testaments hatte ich das so festgelegt. Sie haben sich gut vorbereitet! Dann sind Sie sicherlich auch darüber informiert, dass ich nun schon seit über drei Jahren meine Schätze alleine genieße. Gesellschaft leisten mir nur meine Angestellten, die diesen Raum aber nicht gerne betreten, weil sie Angst haben, es könnte etwas zu Bruch gehen.«

»Verständlich!«, murmelte Nicolas, der unwillkürlich seine Arme an den Körper presste, um nirgends anzustoßen.

»Wenn ich es mir recht überlege, bin ich ganz froh, dass Maître Parrain nicht persönlich kommen konnte. Er kennt mich schon so lange, dass er meinen Vorschlag sicher für ungewöhnlich gehalten und an meinem Geisteszustand gezweifelt hätte. Sie scheinen mir ein aufgewecktes Bürschchen zu sein.«

»Sie möchten also denjenigen Passus in Ihrem Testament abändern, in dem es um die Flakon-Sammlung geht? Darf ich fragen, wen wir nun als Begünstigten eintragen dürfen?« Nicolas zückte den mit seinen Initialen gravierten Füllfederhalter.

»Das ist der entscheidende Punkt: Ich weiß es nämlich selbst nicht!«

»Aha!« Auf die Schnelle fiel Nicolas nichts Klügeres ein.

»Was sollen Sie auch sonst dazu sagen? Sie erwarten von mir, dass ich Ihnen einen Namen oder eine Institution nenne. Sie ändern den Passus ab, schicken mir eine saftige Rechnung und das war's. Ich aber, ich zerbreche mir den Kopf, wen ich und vor allem warum ich denjenigen glücklich machen soll, wenn er einen, mehrere oder alle Flakons meiner Sammlung bekommt.«

»Was gefällt Ihnen denn an dem kunsthistorischen Museum nicht mehr?«

»Mit Audioguides bewaffnete Massen werden an den Vitrinen vorbeiziehen. Tag für Tag, bei jedem Besuch wird der gleiche, auf wenige Details reduzierte Text vom Band abgespult. Diese Kunststücke, die sowohl mein Vater als auch die anderen Künstler mit ihrem Herzblut erschaffen haben, werden zu Massenware degradiert.«

»Also denken Sie daran, die Sammlung aufzuteilen?«

»Ich weiß überhaupt nicht, was ich will. Ich weiß nur, was ich nicht will!« Jetzt klang Madame Delhommes Stimme fast wie die eines trotzigen Kindes an der Supermarktkasse. Wobei das ein so unstimmiger Vergleich war, dass Nicolas gleich den Kopf darüber schüttelte.

»Sie finden mich also auch schrullig? Geben Sie's ruhig zu!«, missinterpretierte sie Nicolas' Kopfbewegung.

»Ganz im Gegenteil, ich denke, Sie haben sich diesen

Schritt wohl überlegt. Aber worin soll denn nun meine Aufgabe bestehen, wenn ich fragen darf?«

»Helfen Sie mir dabei, dass diese Kunstschätze nach meinem Ableben in gute Hände kommen!«

Beinahe hätte Nicolas aufgestöhnt, doch er war wohlerzogen genug, sich das zu verkneifen. In einem Winkel seines Herzens dachte er an die Honorarstunden, die er und die Kanzlei der alten Dame in Rechnung stellen würden. In einem anderen, viel größeren Winkel begannen sich bereits erste Ideen zu entwickeln. Hatte er gerade laut gedacht? Denn Madame Delhomme ermunterte ihn: »Na, dann schießen Sie mal los! Das sagt man doch heutzutage, nicht wahr!«

»Nun gut. Warum lassen Sie die Sammlung nicht von einem renommierten Haus versteigern?«

»Um was mit dem Geld zu machen?«

»Es zu spenden?«

»In dieser Höhe? Und an wen? Damit ich später als Name auf einem Straßenschild oder als goldene Plakette an einem Brunnen weiterlebe? Haben Sie keinen kreativeren Vorschlag anzubieten?«

»Haben Sie nicht eben erwähnt, dass Sie die Sammlung nicht mehr nur alleine genießen möchten? Laden Sie sich doch Gäste ein, und wen Sie sympathisch finden, dem schenken Sie einen Flakon.«

»Sie meinen, dem, der mir am besten den Hof macht, um eins der Stücke zu ergattern? Nein, da würde ich nur Schlangen an meinem Busen nähren. Apropos Schlangen: Woran denken Sie dabei?«

«An Adam und Eva … oder an Kleopatra.«

»Und welcher meiner Flakons verwendet dieses Motiv?«

Nicolas ließ seinen Blick über die Vitrinen schweifen. Bei den moderneren Stücken blieb er an einem dunkelblauen, bauchigen Flakon mit goldenem Kugelverschluss hängen. Er trat näher.

»Diese zwei bunten Schlangen gebärden sich ja wie Verliebte bei einem Zungenkuss«, rutschte es Nicolas heraus, bevor er sich erinnerte, wo er sich befand. »Verzeihen Sie meinen Fauxpas«, fügte er deshalb schnell hinzu, doch Madame Delhomme war schon in lautes Lachen ausgebrochen.

»Sie gefallen mir wirklich, junger Mann! Sie haben das Herz auf dem rechten Fleck! Kennen Sie zufällig auch die Künstlerin?«

»Das war ein hilfreicher Hinweis, danke schön! Wenn es eine Frau war, kann es sich bei diesen prallen Farben nur um Niki de Saint-Phalle handeln, stimmt's?«

»Genau! Nun machen Sie mir einen guten Vorschlag, wie ich das Testament abändern soll!«

»Mir ist etwas eingefallen. Aber Sie dürfen mich nicht auslachen, versprochen?«

»Versprochen!«

»Also gut: Ich habe an Tausendundeine Nacht gedacht. Da erzählt Scheherazade an jedem Abend eine Geschichte. Hier erzählt jeder Flakon eine Geschichte: Wann wurde er entworfen? Für wen? Zu welchem Anlass? Für einen neuen Duft? Für eine spezielle Kundin?

Wie kam er in Ihren Besitz? Ich finde das so spannend, dass ich am liebsten zu jedem Flakon von Ihnen selbst die Geschichte hören möchte!«

Nicolas hatte sich noch nie so lebhaft erlebt! Außer vor Gericht bei seinen Plädoyers.

»Dann besuchen Sie mich doch einfach an den nächsten 344 Abenden!«

»Wobei dann das Problem des Erbberechtigten immer noch nicht gelöst wäre!«

»Oh, junger Mann, wenn Sie es fast ein Jahr lang jeden Abend aushalten, alte Geschichten über sich ergehen zu lassen, dann hätten Sie sich das Erbe praktisch erarbeitet! Und, verzeihen Sie, wenn ich nun doch lachen muss: Dann wäre ich Ihre Scheherazade und Sie als König Scharyâr würden darüber entscheiden, ob ich weiterleben oder am Ende des Abends sterben muss.«

Jetzt lachte auch Nicolas laut auf. Die alte Dame hatte einen wunderbaren Humor! Dabei ging es hier um Testamentsangelegenheiten! Wenn Maître Parrain ihn so sehen würde – Gott bewahre! –, dann könnte er, frisch gekündigt und auf die Straße gesetzt, das Erbe tatsächlich gut gebrauchen! Ob er es allerdings übers Herz bringen würde, eine mit solchen Emotionen beladene Sammlung des schnöden Mammons wegen zu veräußern? Gut, er war noch nie arbeitslos gewesen, wer weiß?! Schluss mit diesen Hirngespinsten, rief er sich zur Ordnung und sagte bestimmt: »Nun sollten wir uns wieder der Neufassung unseres offenen Passus zuwenden.«

»Ach, ich glaube, ich brauche jetzt eine Pause. Wären Sie so nett, uns einen kleinen Drink zu machen?«

Instinktiv blickte Nicolas auf die Uhr. Es war erst kurz vor 16 Uhr. Durch die humorvolle Art seiner Mandantin mutig geworden, fragte er: »Darf ich Ihnen meinen Lieblingswitz erzählen? Sagt eine britische Lady am Nachmittag: ›What about a drink?‹ Worauf ihr Begleiter antwortet: ›Es ist aber noch nicht fünf Uhr.‹ Da erwidert sie mit einem spitzbübischen Lächeln: ›Somewhere in the world it is five, my dear.‹«

»Sie sagen es! Leihen Sie mir in der Zwischenzeit Ihren Füllfederhalter?«

Nicolas ging in den Salon zurück und steuerte direkt auf eine Louis-XV-Anrichte aus glänzend poliertem Nussholz zu, auf der eine Vielzahl von Kristallkaraffen standen. Kein Schild verriet ihm, was sie enthielten. Also orientierte sich Nicolas an Farben und suchte nach einem Sherry. Wie bei Weinen, die Nicolas oftmals nach der Gestaltung des Etiketts auswählte, wenn er nicht gerade für einen besonderen Anlass der Empfehlung eines Weinhändlers folgte, so griff er hier zu der Karaffe, die ihm am besten gefiel. Sie war mit goldenen Ornamenten überzogen, die ihr ein orientalisches Flair verliehen. Wenn das nicht zu ihren Gedankenspielereien von eben passte!

Als er die Karaffe anhob, um den Stöpsel zu entfernen, wog sie schwer in seiner Hand. In einem Kriminalfilm wäre das eine perfekte Mordwaffe, doch die

Gesellschafterin hatte ihn hereinkommen sehen – nein, da müsste sich ein Drehbuchautor eine andere Wendung einfallen lassen. Warum ließ sich jetzt dieser Pfropfen nicht herausziehen? War er verklebt? Die Flasche sah eigentlich noch ungeöffnet aus. Stimmt, er musste erst die Banderole entfernen. Dann entdeckte Nicolas auf einem Sideboard zwei Sherrygläser, die er zusammen mit der Karaffe auf einem Tablett ins Museumszimmer hinüber balancierte.

Madame Delhomme schien gerade einen Brief zu verfassen. Deshalb klopfte er höflich an den Türrahmen und fragte: »Störe ich?«

In Gedanken versunken schüttelte die alte Dame den Kopf. Nicolas goss die haselnussbraune Flüssigkeit ein und reichte ihr ein Glas. Ohne ihr Schreiben zu unterbrechen, nahm sie einen kräftigen Schluck. Dann schrak sie hoch. Sie bekam starre Augen, stieß einen spitzen Schrei und deutete auf Nicolas, der unbeweglich neben ihr stand; deutete auf das Tablett, auf die Gläser, auf die Karaffe. Mit beiden Händen griff sie sich ans Herz, japste nach Luft. Nicolas war zu erstarrt, um reagieren zu können. Mit großen Augen blickte er Madame Delhomme an. Diese rang weiter um Luft, dann presste sie heraus: »Cristal Baccarat, wertvollster Flakon, war noch unversehrt, hat mich ein Vermögen gekostet. Oh Gott, mein Herz! Mein armes Herz!«

Jetzt kam Leben in Nicolas. Was hatte er falsch gemacht? Er hatte ihr ein Glas Sherry eingeschenkt, mehr nicht, oder? Vielleicht einen alten, nun ja, gut, er roch etwas streng und war recht zähflüssig, aber wo lag das Problem? »Vertragen Sie keinen Alkohol? Sind Sie allergisch? Brauchen Sie irgendwelche Medikamente? Soll ich einen Arzt rufen?«

Madame Delhomme sackte in ihrem Rollstuhl zusammen und hauchte mit fast unhörbarer Stimme: »Mein wertvollstes Stück. Voll mit altem Parfum! Was haben Sie getan? Warum gerade Sie? Warum?«

Dann wurde es still.

Während Nicolas vergeblich nach ihrem Puls tastete, warf er einen Blick auf das Dokument, an dem sie geschrieben hatte. Es war eine mit Datum und Unterschrift versehene Neufassung des Paragrafen 5.2 ihres Testaments mit folgendem Wortlaut:

Hiermit vermache ich Herrn Nicolas Monier, Mitarbeiter der Kanzlei Parrain, meine gesamte Flakon-Sammlung aus dem Museumszimmer inklusive der Baccarat-Kristallkaraffen aus meinem Salon unter zwei Bedingungen:

1. Er leistet mir während der nächsten 344 Abende Gesellschaft, um die spannenden Details zur Entstehung jedes einzelnen Sammlerstücks zu erfahren.

2. Er veröffentlicht zusammen mit einem guten Fotografen seine Impressionen über die Verschmelzung von Künstler, Glas und Duft.

Das Opfer

Holger Bodag

Es dämmerte, als wir die Herberge erreichten. Schwacher Lampenschein versprach Gastlichkeit und eine warme Mahlzeit. Ich beschleunigte meinen Schritt, um endlich der Kälte zu entkommen. Der Wind, der schon die ersten Blätter von den Bäumen zerrte, drang unbarmherzig durch alle Kleider. Etwas Schöneres als einen Schankraum mit Feuerstelle konnte ich mir nicht vorstellen.

Meister Adelphus behielt das Tempo bei, in dem er seit heute Morgen unaufhörlich vorangeschritten war. Ich wartete an der Tür auf ihn und ließ ihn zuerst eintreten.

»Essen könnt ihr haben«, knurrte der Wirt aus einer dunklen Ecke. »Schlafen müsst ihr im Stall. Alles belegt.«

Ungläubig sah ich mich um. Es gab fünf Tische und nur an einem hockte ein buckliger Alter und starrte auf seinen Krug. »Hört!«, rief ich. »Mein Meister ist

163

kein dahergelaufener Vagabund. Man nennt ihn einen bedeutenden Alchemisten, er genießt an allen Höfen größte Wertschätzung. Einen Mann wie ihn könnt Ihr nicht in den Stall sperren!«

Adelphus richtete sich auf, seine hagere Gestalt reichte fast bis an die rußgeschwärzte Holzdecke.

»Nur ein Glasmacher«, betonte er. »Kein Alchemist.«

»Farbiges Glas«, ergänzte ich, verstummte aber sofort, als ich den Verweis im Blick des Meisters bemerkte.

Der Wirt trat zu uns. Neben Adelphus wirkte er wie ein Zwerg und seine Schürze starrte vor Dreck. Ich fragte mich, ob der aufdringliche Geruch nach verdorbenem Fleisch von diesem Kleidungsstück oder seinem Besitzer herrührte.

»Ein Alchemist, schau an«, brummte der Wirt und schob uns an einen der Tische. »Ich lasse Wein bringen. Nehmt Platz.«

Wir aßen und tranken schweigend, mein Meister aus Gewohnheit, ich vor Erschöpfung. Wir waren seit drei Tagen unterwegs und die letzte Nacht hatten wir im Freien verbracht. Ich verdrängte die Erinnerung an die Schürze und machte mich über die dünne Suppe her. Der Meister rührte sie nicht an, er begnügte sich mit einem Schluck aus dem Weinkrug und einem Stück Brot.

Nachdem der Wirt die Teller abgeräumt hatte, begann ich mich mit dem Stall anzufreunden. Ich wollte nur noch schlafen, wo auch immer. Stimmen und schwere Schritte vor der Tür rissen mich aus meinen Gedanken.

»Es scheinen noch mehr Gäste zu kommen«, sagte ich. Aber ich irrte, fünf bewaffnete Männer mit leichten Helmen und Lanzen und einem Schwert am Gürtel drängten in die Wirtschaft.

»Sind sie das?«, fragte einer von ihnen und deutete auf uns.

Der Wirt grunzte und wandte sich ab, als hätte er mit der ganzen Sache nichts zu tun.

Ich sprang auf.

»Wir sind unbescholtene Reisende auf dem Weg …«, begann ich, doch Meister Adelphus fasste mich an der Schulter und zog mich zurück auf die Bank. Gelassen griff er nach dem Weinkrug und schenkte sich nach.

»Mitkommen«, bellte uns der Anführer des Trupps an.

»Sofort«, ergänzte er, als Adelphus den Becher an den Mund setzte. Fünf Lanzen senkten sich gegen uns. Ein Metallblatt richtete sich auf meine Brust.

»Bitte«, flüsterte ich.

Ich sah, wie der Anführer eine Münze auf unseren Tisch warf und dem Wirt zunickte. Die Männer schoben uns hinaus. Sie führten uns durch den Wald bergauf, fort von dem Ort, in dem wir hatten übernachten wollen. Zwischen den Bäumen hing die Dunkelheit, die widerwillig dem zuckenden Schein der Fackeln ein wenig Raum gab. Der Wind hatte zugenommen und ließ die Flammen wütend fauchen. Meine Müdigkeit war verflogen, aber den Schmerz in meinen Beinen vermochte nicht einmal die Angst zu vertreiben.

Der Weg war nicht lang. Bald erhoben sich vor uns Mauern, die kaum vom Schwarz der Nacht zu unterscheiden waren. Eine Wache rief uns an und mit dem Kreischen rostigen Metalls öffnete sich ein mächtiges Gittertor. Hinter uns fiel es so gewaltig ins Schloss, dass der Schlag von den Turmwänden widerhallte.

Die Ausstattung des Burghauses wirkte karg und kühl. Es gab keinen Zierrat, kaum Möbel. Die Wände waren aus Stein, keine Bilder oder Teppiche, keine kunstvollen Fenster oder hübschen Nischen nahmen ihnen die Wucht.

Kalt und leer war auch der lang gestreckte Raum, in den sie uns brachten. Am Ende stand ein breiter Sessel mit hoher Rückenlehne. Zwei Fackeln beleuchteten ihn dürftig, während der übrige Saal im Dunkeln lag. Unsere Aufpasser drängten uns auf den Lichtfleck zu.

Die Gestalt, die dort saß, verfolgt mich bis heute in meine Träume. Nie zuvor und nie danach habe ich einen Mann von solchen Ausmaßen gesehen. In dem Stuhl ließ sich seine Größe schwer schätzen, aber ich bin sicher, er war so groß wie Adelphus. Doch während dieser knochig und hager war, konnte man den Sitzenden nur als Fleischberg bezeichnen. Sein runder, von dünnem, langem Haar bekränzter Kopf ruhte halslos auf einem mächtigen Rumpf, der zwischen den Armlehnen des Sessels eingezwängt war. Gefaltet vor diesem Berg lagen zwei kleine Hände mit dicken, starren Fingern. Noch fürchterlicher als dieser Körper war aber der Blick aus schwarz funkelnden Augen, von denen eines uns entgegensah, während das andere seitlich zur Decke aufschaute. Der Mund stand halb offen und aus einem Winkel troff ein dünner Speichelfaden.

»Begrüßt den Fürsten«, fuhr uns eine der Wachen an und zwang Adelphus auf die Knie. Ich erhielt einen Tritt in die Kniekehlen und sackte ebenfalls zu Boden.

»Alchemisten also«, sagte der Fürst. Er spuckte die beiden Wörter so undeutlich hervor, dass sie kaum zu verstehen waren.

»Glasmacher, ich bin nur ein Glasmacher«, antwortete Adelphus, der sogar kniend aufrecht und würdevoll wirkte. »Und der dort hockt, ist mein Schüler. Wir sind auf dem Weg zu einem Auftraggeber, wir sollen Kirchenfenster machen. Ich kann kein Gold herstellen und kenne auch nicht den Stein der Weisen. Nur ein paar Experimente zur färbenden Wirkung von Stoffen habe ich vorgenommen und werde somit gelegentlich als Alchemist bezeichnet.«

»Also«, herrschte uns der Fürst an. »Alle Alchemisten, die hier vorbeikommen, werden als Gäste auf die Burg gebracht.«

Der Meister holte Luft und ich fürchtete schon den Spott, mit dem er sich für diese Höflichkeit bedanken würde. Doch der Fürst schnitt ihm das Wort ab.

»Gäste«, zischte er, »von denen nur geringer Dank erwartet wird. Lediglich ein kleiner Beweis ihrer Fertigkeiten im Bereich der heilenden Kunst.«

»Wenn ich dem edlen Fürsten helfen kann …«
Der winkte ungeduldig ab.

»Es geht um ein einfaches Mittel. Es soll machen, dass die Framhild will.«

Er hob eine Hand und wischte durch die Luft.

»Natürlich könnte ich sie holen. Ihr Vater hat kaum 100 Männer unter Waffen und die Mauern seiner Burg sind schwach. Nur ein Handstreich und sie wäre mein. Aber das will ich nicht.«

Der Fürst beugte sich vor und das Auge, das uns ansah, flackerte.

»Das will ich nicht«, flüsterte er. »Ich will, dass sie dort vor mir kniet und mich anfleht, sie zu nehmen. Sie soll sich nach mir verzehren.«

Ich schloss die Augen und betete still, dass der Meister seinen Mund halten möge. Dass er nicht laut auflachte und verkündete, einen solchen Trank könne auch der kundigste Alchemist nicht herstellen, kein Magier würde das vermögen, und sei er noch so mächtig.

»Es ist zu hoffen«, fuhr der Fürst fort, »dass Ihr nicht so undankbar seid wie diese Pfuscher und Aufschneider, die es vor Euch versucht haben. Ich musste sie …«, er breitete die Arme aus und ließ die Mundwinkel herabfallen, »… vierteilen lassen. Nun, morgen früh erwarte ich Euch und Euer Werk. Bringt sie hinunter.«

Der Fürst sank zusammen, schlaff und kraftlos, als hätte ihm seine Ansprache alle Energie geraubt. Wir wurden jeder von einer Wache am Arm hochgezogen und aus dem Saal gezerrt. Durch schwach beleuchtete Gänge und Treppen ging es immer weiter abwärts, tief in den Berg hinein.

Der Raum, in den sie uns sperrten, war überraschend annehmlich. In einer Ecke brannte ein Feuer, es gab einen Hocker, einen großen Tisch und auf einem Brett an der Wand unzählige Tiegel, Gläser, Mörser und Werkzeuge.

»Vierteilen«, sagte Meister Adelphus, während er den Raum durchschritt und alles musterte. »Das hielte ich nicht für angemessen.«

Ich schluckte. »Vielleicht können wir fliehen«, schlug ich vor und deutete auf den Schacht, der sich über dem Feuer öffnete.

»Du kannst gerne darin hochkraxeln, aber ich wette um eine Goldmünze, dass oben ein Gitter ist.«

»Aber was machen wir dann? So einen Trank gibt es nicht, dass sich ein Weib freiwillig diesem Monstrum hingibt!«

»Kein Trank, das stimmt«, sagte der Meister und nahm eine bauchige Flasche mit langem, gebogenem Hals vom Bord.

»Immerhin, es gibt hier eine *vas retortum*.«

Ich sank auf den Hocker. Noch vor wenigen Stunden war ich hoffnungsvoller Lehrling eines Glasmachers gewesen. Nun war ich dem Tod geweiht. Vierteilen – wie lange mochte ich die Schmerzen der abgerissenen Gliedmaßen spüren, bevor der Mantel des Dunklen über mich fiel? Ich hatte von einer Hinrichtung gehört, bei der ein Verurteilter nach dem Vierteilen noch hatte geköpft werden müssen, weil er zwar gebrüllt und gebrüllt hatte, aber einfach nicht hatte sterben wollen.

Ich versank in finsteren Gedanken, bedauerte, meine armen Eltern und die Schwestern nicht mehr gesehen zu haben, und so merkte ich erst nach einer Weile, dass der Meister zu arbeiten begonnen hatte.

Er nahm sich dieses und jenes vom Brett und sammelte in einer Schale unter der bauchigen Flasche Glut aus der Feuerstelle. Mit donnernder Wucht schlug er gegen die Tür unserer Zelle. »Hört mich«, rief er. »Wenn Ihr nicht wollt, dass ich Eurem Herren berichte, dass Ihr die Herstellung der gewünschten Substanz verhindert habt, dann bringt mir alle Küchenkräuter, die Ihr auftreiben könnt. Und Blütenblätter. Schöne, duftende Blüten, alles, was sich in und um die Mauern hier findet. Aber bald, sonst wird mein Werk heute Nacht nicht fertig. Und vergesst nicht eine Flasche Wein.«

Vor der Tür scharrte und brummte es, Schritte hallten durch die Holztür und wurden leiser. Plötzlich hatte ich die Erleuchtung.

»Ihr wollt ihn vergiften. Habe ich recht? Er bekommt einen Trank, der ihn tot von seinem Thron stürzen lässt!«

»Einen Liebestrank«, erwiderte der Meister, »trinkt immer die Person, deren Zuneigung es zu gewinnen gilt. Nicht derjenige, der die Liebe erhofft. Außerdem, mein Junge, was, denkst du, passiert, wenn der Fürst tatsächlich mein Gebräu trinkt und stirbt? Sie werden uns kaum friedlich unseres Weges ziehen lassen!«

»Und was habt Ihr dann vor?«, fragte ich.

»Mach die Augen auf und gib acht«, antwortete er

knapp. »Ich habe die Idee von einem Kreuzfahrer, der im heiligen Land so etwas bei einem reisenden Händler erstanden hat.«

Also hielt ich meine Augen offen und gab acht, ich versuchte es wenigstens. Es dauerte eine Ewigkeit, bis eine Wache uns einen Korb mit Blumen und Kräutern und die Weinflasche brachte. Noch länger stöberte der Meister in den Pflanzen. Er nahm mal die eine, mal die andere Blüte, zerrieb hier ein Blatt und roch dort an einem Zweig. Danach bearbeitete er einige ausgewählte Pflanzen in einem Mörser, mit einer Ausdauer, die mir unerklärlich schien. Ich muss gestehen, die Müdigkeit nach der langen Wanderung war stärker als meine Neugier. Das Letzte, was ich wahrnahm, war, dass der Meister den Wein in die bauchige Flasche füllte und diese in ein Gestell über der Feuerschale legte.

Das Erwachen war grausam. Ich lag auf dem harten Lehmboden. Ob ich diese Schlafstätte selbst gewählt oder ob der Meister mich vom Hocker genommen hatte, wusste ich nicht. Ich war an schlechte Betten gewöhnt, in dieser Stunde aber schmerzte mir jeder Knochen, jeder Muskel. Es kostete alle Kraft, mich aufzurichten.

Der Meister saß auf dem Schemel und wirkte zufrieden. Die Gerätschaften und Behälter vom Tisch waren fortgeräumt, nur eine aus Stoff geknotete Kugel befand sich noch darauf.

»Guten Morgen«, begrüßte er mich freundlich, »ich hoffe, du hattest eine angenehme Nachtruhe. Leider konnte ich dir kein Federbett bieten.«

»Verzeiht«, murmelte ich heiser, »ich wollte nicht einschlafen.«

Der Meister lachte. »Die Jugend braucht ihren Schlaf. Unser werter Herr Fürst anscheinend auch. Es wird Zeit, dass er nach uns verlangt.«

Das sah ich entschieden anders. Es drängte mich in keiner Weise, unserem Gastgeber unter die Augen zu treten. Ich zog mich am Tisch hoch und betrachtete das Stoffsäckchen, das an zwei Lederbändern befestigt war.

»Was ist das?«, fragte ich.

»Riech daran.«

Ich beugte mich vor ... und zuckte zurück. Näherte mich erneut und nahm einen starken Geruch wahr. Er war nicht unangenehm, ganz im Gegenteil. Frisch, ein wenig wie eine Wiese, auf die im Sommer die Sonne brennt: intensiv, herb und lieblich zugleich.

»Das ist ja großartig«, rief ich. Doch die Begeisterung verschwand sofort. Die Tür flog auf und zwei Lanzenträger befahlen uns herauszukommen.

Der Saal, der Thron, der Fürst – alles schien unverändert. Nicht einmal viel heller war es, das Tageslicht fiel nur spärlich durch einige schmale Fenster herein. Mir kam es so vor, als habe sich der Fürst gar nicht von seinem Sitz erhoben. Er winkte uns heran.

»Nun«, fragte er, »was bringt Ihr?«

Welches Glück, dass von mir keine Antwort erwartet wurde. Ich hätte kein Wort herausgebracht, starrte den Fürsten mit offenem Mund an. Ich war mir sicher, heute glotzte uns das andere Auge an. Das zweite blickte trüb auf den Boden.

»Verehrter Fürst«, begann der Meister und hob die Stoffkugel, »ich habe hier das Mittel, nach dem Ihr verlangtet.«

Der Fürst winkte den Meister heran. »Was ist das? Wie wirkt es? Muss sie es schlucken?«

Den Beutel hätte nicht einmal ein halbverhungerter Bettelmönch herunterbekommen. Der Kerl war nicht nur fett, er war auch bemerkenswert dumm.

»Das ist nicht notwendig«, versicherte der Meister. »Es reicht vollkommen …«, er beugte sich vor und flüsterte: »… wenn sie es riecht!«

Das Gesicht des Fürsten war ein einziges Bild des Unverständnisses. Mein Gott, vor so einem Schwachsinnigen hatte ich mich letzte Nacht gefürchtet? Doch Vorsicht, mahnte ich mich. Er mag dumm sein, aber das macht ihn nicht weniger gefährlich.

Der Meister rückte noch etwas näher. Ich konnte kaum noch verstehen, was er ihm zuraunte.

»Und das Beste daran: Ihr könnt sogleich prüfen, ob es wirkt. Denn dieser Duft macht jedes Weib willig.«

Der Fürst hob den Kopf. »Jedes?«

Der Meister nickte, legte die Stoffkugel unter das fette Kinn des Fürsten und knotete die beiden Schnüre hinter seinem Nacken zusammen.

Die Blicke des Herrschers irrten durch den Raum. »Bringt eine Küchenmagd«, rief er dann. Eine der Wachen verschwand durch die Tür. Dem musste der

Meister Einhalt gebieten! Doch Adelphus beobachtete den Fürsten mit unbewegter Miene. Es schien, die Dinge entwickelten sich, wie er es vorgesehen hatte.

Die Wache kehrte mit einem Mädchen zurück und zerrte sie am Arm durch den Saal bis vor den Fürstenthron. Ihr schmales Gesicht zeigte eine katzenhafte Scheu. Sie sträubte sich instinktiv. Eine Strähne ihres kräftigen, weizenblonden Haares löste sich und fiel aus dem Kopftuch heraus. Hektisch schaute sie zwischen dem Fürsten, der Wache, Adelphus und mir hin und her.

Bei mir, schien es, verweilte ihr Blick einen Moment länger. Ich schüttelte den Kopf und öffnete den Mund. Der Meister brachte mich wortlos zum Schweigen. Sieh dich vor, sagten seine Augen. Ich habe uns einen Weg geebnet, wage es nicht, ihn zu versperren.

Die Wache stieß das Mädchen vorwärts. Ihr Atem ging schnell, mit jedem Muskel lehnte sie sich gegen den Druck der Wache.

»Riechst du was?«, fuhr der Fürst sie an.

Hektisch schüttelte das Mädchen den Kopf. Was nur zur Folge hatte, dass der Fürst sie noch näher heranwinkte.

»Jetzt?«

Sie zögerte. Versuchte zu begreifen, worum es ging und was von ihr erwartet wurde. Dann nickte sie.

»Spürst du dabei was?«

Langsam hob sie den Kopf. Sah dem kolossalen Mann vor ihr direkt in die Augen. Der Fürst verstand, was er verstehen wollte. Er klatschte in die Hände, dass der fleischige Körper bebte.

»Warte in meinem Gemach auf mich«, befahl er. Das Mädchen rührte sich nicht. Auf einen Wink des Fürsten zog die Wache die Magd davon. Andere kamen und hievten den Herrscher auf die Beine.

»Der gnädige Herr Fürst wird nun sicher nichts einzuwenden haben, wenn wir seine Gastfreundschaft nicht länger strapazieren«, sagte Adelphus. »Wir werden beim Dombau gebraucht.«

Der Fürst nahm keine Notiz von uns. Er war schon auf dem Weg zur Tür, von seinen Männern gestützt. Ich zitterte, so sehr spürte ich, dass ich hinterher und den Irren zurückreißen musste. Aber Adelphus fasste mich mit Nachdruck an der Schulter. Mit langen Schritten schob er mich zu dem Ausgang, durch den wir am gestrigen Abend hereingebracht worden waren. Niemand hielt uns auf, ein neben der Tür wartender Lakai öffnete sogar für uns.

»Das Mädchen …«, begann ich, als wir über den Hof auf das Torhaus zugingen. Ich brachte den Satz nicht zu Ende. Tränen liefen über mein Gesicht.

»Spare deine Rede«, zischte mich der Meister an. »Ein paar Worte weniger und die Geschichte hätte es überhaupt nicht gegeben.«

Der Dieb und das Mädchen

Maike Braun

Kurz nach meinem 25. Geburtstag durchlief ich eine schwierige Phase. Mutter war gestorben und nur der Krebsgeruch, der noch in der Wohnung hing, erinnerte an sie. Ich musste mich selbst versorgen. Meine Schwester, die gerade ein Kind bekommen hatte und in Osaka lebte, behauptete, sie habe keinen Platz für mich. »Zwei Männer und ein kleines Kind, das schaffe ich einfach nicht«, schrie sie am Telefon.

Ich war nie einer regelmäßigen Arbeit nachgegangen. Meine Fähigkeiten waren nicht besonders gefragt. Einige Monate habe ich für ein Hotel Origamiblumen entworfen und gefaltet. Dann wurde das Hotel von einer internationalen Kette aufgekauft und das Origami durch totes Holz und Garben getrockneter Gräser ersetzt. Ich habe auch schon für einen Zuckerbäcker Pralinen als Geschenk verpackt und in einer Sushifabrik ausgeholfen. Aber dort war ich mit einem Kollegen aneinandergeraten, weil ich seiner Meinung nach zu viel

Zeit mit dem Austüfteln dekorativer Schnitttechniken verbrachte.

Ich fand eine Anstellung im Lager einer Parfümerie. Da ich mich als geschickt erwies und freundlich grüßte, ließ mich Frau Takahashi, die Filialleiterin, im Laden beim Einpacken aushelfen. Doch als ich begann, den Kundinnen von allzu intensiven Düften abzuraten, bekam ich Ärger. Aber es war nun einmal so, dass sich die Basisnote vieler europäischer Parfums nicht mit dem Hauttyp einer Japanerin vertrug. Hinzu kam, dass Büroangestellte in der Regel täglich eine Stunde und mehr dicht an dicht gepresst in der U-Bahn verbrachten. Der teure Duft würde sich also sofort mit dem Körpergeruch von Hunderten anderer Menschen vermengen, ganz zu schweigen vom Schweißgeruch oder qualmenden Bremsbelägen. Aber den Käuferinnen ging es nicht darum, das für sie Passende zu finden. Sie wollten besitzen und diesen Besitz auch zur Schau stellen.

Wenn ich den Mädchen also von Yves Saint Laurent abriet und ein geruchsneutrales japanisches Deodorant empfahl, zogen sie ihre rostbraun gefärbten Augenbrauen hoch, bohrten beim Kehrtmachen die Pfeilspitzen ihrer Absätze in den Parkettboden und stöckelten aus dem Geschäft. Es war nur eine Frage der Zeit, bis Frau Takahashi das bemerken würde.

Sie war vor einigen Jahren von ihrem Mann verlassen worden, seitdem gab es für sie nur das Geschäft, wie sie mir gleich bei der Einstellung erzählt hatte. Sie hatte ihre Handtasche vor mir hin- und hergeschwenkt und gesagt: »Louis Vuitton.« So etwas könne sie sich nur leisten, wenn das Geschäft laufe.

Eines Abends kurz vor Ladenschluss war es so weit. Die letzte Kundin warf die Haare über die Schulter und stürmte aus dem Geschäft. Frau Takahashi, der das nicht entgangen war, rief mich zu sich. Über ihre schweren Tränensäcke hinweg blickte sie mich lange an. Dann klopfte sie mit der flachen Hand ein paar Mal auf ihre Handtasche, dieses Mal von Gucci. Sie hatte erst vor Kurzem die Seidenkimonos ihrer Großmutter dafür verhökert.

»Für mich zählt nur das Geschäft«, sagte sie. »Das weißt du.«

Ich nickte. Sie öffnete die Tasche und zog einen Schlüssel heraus. Den drückte sie mir in die Hand und nannte mir eine Adresse. »Warte dort auf mich«, sagte sie.

Ein Jahr blieb ich bei Frau Takahashi und arrangierte ihr Apartment. Die Toilette ließ ich würzig-erdig duften. Ich hielt nichts davon, unangenehme Gerüche mit dieser klebrigen Süße zu übertünchen, wie sie billige Toilettensprays enthalten. Ich sorgte dafür, dass immer frischer Reis auf dem Herd stand, und ich pflanzte Duftminze auf dem Balkon, um den Gestank der chemischen Reinigung gegenüber zu kompensieren. Doch gegen Chemikalien in hoher Konzentration ist schwer anzukämpfen. Zudem schien es Frau Takahashi leid zu werden, dass ich ihr sofort nach Betreten der Wohnung die Bluse vom Leib riss, um sie zu waschen. Vermutlich wollte sie es nicht wahrhaben, aber der ranzige Geruch des Alters hing darin, und wenn man den nicht gleich beseitigte, ging er nicht mehr heraus. Das wusste ich von Mutter. Eines Morgens schickte mich Frau Takahashi unter dem Vorwand von Kopfschmerzen zum Supermarkt, um ihr ein Bento, ein Lunchpaket, zu besorgen, und als ich zurückkam, fand ich die Wohnung verschlossen vor. Der Schlüssel steckte nicht wie üblich hinter dem Namensschild an der Klingel. Stattdessen lag ein Müllsack mit meinen Sachen vor der Tür, daneben die beiden Blumentöpfe vom Balkon. Die Minze welkte bereits.

Ich war wütend. Ich hielt das Apartment sauber, ich kaufte ein, ich kochte und anschließend befriedigte ich Frau Takahashis sexuelle Bedürfnisse. Und jetzt musterte sie mich aus wie einen defekten Reiskocher. Ich ging um das Gebäude herum, stieg auf den Stromverteilerkasten und hangelte mich an einem Abwasserrohr bis zum zweiten Stock hoch. Von der Balkonbrüstung balancierte ich bis zu Frau Takahashis Apartment. Ich sprang hinunter, schob die Wäschespinne zur Seite, an der ihre Blusen trockneten, und rüttelte an der Balkontür. Wie erwartet war diese nicht abgeschlossen.

Zielstrebig ging ich zum Regal über dem Fernseher und nahm die Louis Vuitton sowie ein zweites Designerstück heraus. Die beiden Imitate ließ ich liegen.

Ich stopfte die Taschen zu meinen Habseligkeiten in den Müllsack. Dann fuhr ich zum Pfandleihhaus, das Frau Takahashis Kimonos versetzt hatte. Ich hatte dort immer wieder Dinge für sie hingebracht. Der Inhaber erkannte mich sofort.

Ich zeigte ihm die beiden Handtaschen. Er befingerte sie mit seinen spindligen Fingern, testete sämtliche Reißverschlüsse, dann nannte er seinen Preis.

»Das nächste Mal mit Kaufbeleg«, sagte er, blinzelte mehrmals und fügte hinzu: »Sonst gibt's einen Abschlag.«

Seitdem stehle ich.

Ich kann anhand des Parfums, das unter einem Türspalt nach außen dringt, abschätzen, ob eine Frau auf Markenprodukte steht. Benutzt sie zum Beispiel Eau d'Issey, hat sie mit 85 Prozent Wahrscheinlichkeit eine italienische Stofftasche von Gucci oder Fendi im Schrank. Bevorzugt sie Miss Dior Chérie, schwingt sie Ferragamo in der Hand oder trägt das Label zumindest an den Füßen. Seit über drei Jahren verdiene ich nun meinen Lebensunterhalt durch das Stehlen von Luxusgütern. Ich lag mit meiner Einschätzung noch nie falsch.

Bis vor einem Monat.

Ich trug einen blauen Overall, auf den ich das Logo einer Schädlingsbekämpfungsfirma hatte aufnähen lassen, und eine weiße Baseballmütze. So konnte ich ungestört an den Türen schnüffeln.

In einer Eckwohnung im fünften Stock entfaltete sich gerade die Herznote von CK One. Das bedeutete schnörkellose, aber hochwertige Lederware. Ich suchte nach dem passenden Dietrich, als sich noch ein anderer, schwächerer Geruch hinzugesellte. Ich konnte ihn nicht sofort einordnen. So weit wie möglich blähte ich meine Nasenflügel auf, sog die kühle Herbstluft ein, die durch den nach einer Seite hin offenen Gang einströmte, – und einen Anflug von Zeder, Kennzeichen von Tokyo by Kenzo. Ein Männerduft. Ich presste mein Ohr gegen die Tür. Alles war still. Sollte ich einen Mitbewohner antreffen, konnte ich immer noch behaupten, von der Eigentümerin, einer – ich warf einen Blick auf das Klingelschild – Frau Kimura, angefordert worden zu sein. Ich brach das Schloss auf und stolperte über ein Paar Hausschuhe im Windfang. Ich richtete die Schuhspitzen aus, wie es sich gehörte, dann zwängte ich mich an den Mülleimern für brennbaren und nicht brennbaren Abfall vorbei in den Wohnraum. Außer dem Jammern eines Kindes, vielleicht bei den Nachbarn, hörte ich nichts. Ein Futon, auf dem einige Kleidungsstücke verstreut lagen und ein Ledergürtel von Dolce & Gabbana, ein Fernseher, ein niedriger Tisch mit ein paar Mangaheften, keine Regale, dafür eine zusammengeklappte Leiter neben dem Kühlschrank auf dem Boden.

Über Bad und Kochecke war ein Zwischenboden eingezogen worden, um zusätzlichen Stauraum zu schaffen. Ein Hauch von Kenzo wehte herunter. Ich steckte den Gürtel unter meinen Overall, nahm die Leiter und kletterte hinauf. Der Abstand zur Decke war so gering, dass ich auf allen vieren in den Zwischenraum krabbeln musste.

Plötzlich spürte ich einen Luftzug und jemand hängte sich an meinen Hals. Ich verlor das Gleichgewicht und fiel vornüber. Der Angreifer hockte sich auf meinen Rücken. Er war nicht besonders schwer, trotzdem gelang es mir nicht, ihn abzuschütteln. Und dann spürte ich seinen Atem. In schneller Abfolge küsste er mich auf die Schläfen, die Wange, das Ohr.

»Lass das«, keuchte ich, »bitte, lass das.«

Genauso plötzlich, wie er mich angefallen hatte, ließ der Kerl von mir ab. Ich rückte bis an die Wand zurück. Im Halbdunkel konnte ich seine Gesichtszüge nicht genau ausmachen. Der Bursche war vielleicht 16 oder 17. Er trug sein Haar schulterlang und ein zu großes weißes Männerhemd, das nach Kenzo duftete.

»Wer bist du?«, fragte er schließlich – mit einer Mädchenstimme.

An dieser Stelle hätte ich sofort gehen sollen. Ich hätte den Gürtel, CK One, Kenzo, das Apartment, den ganzen Wohnblock aus meinem Bewusstsein verbannen und mich hinausstehlen sollen. Aber ich blieb. Ich musterte die Gestalt, die vor mir kauerte. Sie klopfte sich mit der flachen Hand gegen die Brust und nannte ihren Namen. Haruka – also tatsächlich ein Mädchen.

Sie warte auf ihren Domyoji, eine Figur aus einer populären Mangaserie, erklärte sie. »Er ist schon ganz nah«, sagte sie und zupfte an ihrem Hemd. »Ich kann ihn riechen.«

»Und warum wartest du hier oben im Dunkeln?«, fragte ich.

Haruka starrte mich an. Das Weiß ihrer Augäpfel schimmerte im Dämmerlicht.

Ich überlegte. Die Leiter hatte auf dem Boden gelegen, als ich die Wohnung betrat. »Darfst du nicht herunter?«

In kurzen, abgehackten Sätzen erzählte sie mir ihre Geschichte. Sie lebte mit ihrer Schwester. Am Anfang hatte die oben und sie unten geschlafen. Aber dann war sie mehrmals weggelaufen.

»Kumiko hat mich geschlagen«, sagte Haruka und streckte mir ihren entblößten Unterarm zu.

Erst als ich mit den Fingerspitzen die Narbe ertastete, sprach sie weiter.

Seitdem dürfe sie nicht mehr herunter. »Und wenn Kumiko einen Domyoji mitbringt«, fuhr sie fort, klebe ihr die Schwester den Mund zu. Haruka wimmerte wie ein kleiner Hund, den sein Besitzer vor einem Supermarkt ausgesetzt hatte. Dann verstummte sie. »Die Domyojis hören mich trotzdem«, sagte sie und begann zu kichern. »Sie kommen nicht wieder. Sie kehren nie zurück.«

Bevor ich reagieren konnte, sprang sie mich erneut an. »Du bist mein Domyoji«, kreischte sie. »Nimm mich mit. Nimm mich mit.«

Ich versuchte, mich unter ihr wegzudrehen, was mir auch fast gelang, bis sie mich an den Haaren packte und meinen Kopf gegen die Kante des Zwischenbodens knallte. Für einige Augenblicke sah ich nichts, hörte ich nichts. Dann roch ich Blut.

»Ist ja gut«, rief ich. »Ich nehm dich mit.«

Sie ließ von mir ab. Ich befingerte meinen Hinterkopf.

Die Wunde war harmloser, als es der Schmerz vermuten ließ.

»Jetzt gleich«, sagte sie und hockte sich auf meine Brust.

»Das geht nicht.«

Sie ohrfeigte mich. »Warum?«

»Weil … weil du nur ein Hemd trägst. Und es draußen kalt ist. Ich muss dir erst etwas zum Anziehen besorgen.«

»Schwör, dass du wiederkommst«, sagte sie und drückte mit beiden Händen auf meinen Adamsapfel.

Ich nickte mehrmals schnell hintereinander.

»Bei deiner Mutter.«

»Bei meiner Mutter.«

Ich dachte daran, wie meine Schwester aus Osaka hatte kommen müssen, um sich um die Beisetzung der Urne zu kümmern. Ihr Mann hatte das ganze Wochenende kein Wort mit mir gewechselt, einen Zahnstocher nach dem anderen zerkaut und mich dabei angesehen, als wollte er mir am liebsten jeden einzeln ins Fleisch rammen.

Haruka ließ von mir ab. »Du zuerst«, befahl sie und deutete nach unten zum Wohnraum.

Haruka ging zum Fenster und riss die Balkontür auf. Kaltluft strömte herein. Trotzdem trat sie hinaus auf den Balkon und vollführte eine Art Freudentanz. Als sie sich weit über die Brüstung nach unten beugte, eilte ich hinterher und hielt sie am Zipfel ihres Hemdes fest. Sie schlug meine Hand weg und winkte einem kleinen

Jungen mit Pudelmütze zu. Ich fasste sie an der Schulter. Sie wirbelte herum und schlang die Arme um mich, schnürte mir die Luft ab.

»Domyoji«, flüsterte sie. »Mein Domyoji. Endlich bist du gekommen.«

Es gelang mir, ihre Arme von mir zu lösen und sie hineinzuführen. »Ich muss jetzt gehen«, sagte ich.

Sofort fing sie erneut an zu kreischen. Ich wolle sie hereinlegen, ich hätte es geschworen. Beschwichtigend hob ich die Hände. Sie betrachtete das als Aufforderung und presste ihren mageren Körper an mich. Ich nahm sie in die Arme. Wann hatte ich zum letzten Mal ein Mädchen so gehalten?

Irgendwo im Haus knallte eine Tür und brachte mich ins Hier und Jetzt zurück. Was sollte ich mit einem Teenager anfangen? Meine Wohnung war gerade mal sechs Tatamis groß. Für eine zweite Person reichte nicht einmal die Atemluft, geschweige denn der Platz.

»Ich komme zurück«, sagte ich. »Ich verspreche es dir.«

Sie kniff die Augen zusammen und ballte eine Hand zur Faust.

»Bei der Urne meiner Mutter.«

Sie ließ mich gehen.

Für einige Zeit irrte ich planlos durch die Straßen. Ich würde meine Aktivitäten auf die Schlafstädte im Westen Tokyos verlegen müssen. Vielleicht würde ich mich sogar um einen regulären Job bemühen oder nach Osaka zu meiner Schwester ziehen. Diesem Mädchen war alles zuzutrauen. Man las schließlich immer wieder von verrückten Teenagern, die ihrem Idol nachstellten.

Die U-Bahn war selbst um diese Uhrzeit noch voll. Es war mir recht. Ich war mir nicht sicher, ob ich mich alleine auf den Beinen halten konnte. Ich erreichte mein Ziel und stieg aus.

Durch die Straßen blies ein eisiger Wind. Die Wolken hingen tief. Schnee lag in der Luft.

Ein Junge mit Anzug und steil nach oben gegeltem Haar rempelte mich an. Er trug Tokyo by Kenzo. Ich schaute ihm nach. Er hob entschuldigend die Hand. Ob Haruka morgen auch Kenzo auftragen würde? Der Duft war mit ihrer Haut eine ungewöhnliche Kombination eingegangen. Er erinnerte mich an unseren Garten in Osaka, wo wir wohnten, als Vater noch lebte. Nein, ich musste das Mädchen aus meinen Gedanken vertreiben.

Die Neonlichter der Stadt blinkten, als ich endlich die Tür zu meiner Wohnung aufschloss. Ich fiel in einen unruhigen Halbschlaf. Das Bild Harukas mit zugeklebtem Mund wollte nicht verschwinden. Sie hielt die Urne meiner Mutter in der Hand und schüttelte sie vorwurfsvoll auf und ab.

Dann stieg mir Mutters Geruch in die Nase und ich dachte an all die Mädchen, die sich geweigert hatten, im Haus einer Todkranken mit mir zu schlafen. Damals hatte ich mir manchmal gewünscht, mit Mutter würde es schneller zu Ende gehen.

Ich stand auf und klatschte mir Wasser ins Gesicht. Als das nichts half, nahm ich etwas Minze aus dem

Kühlschrank und zerrieb sie mir unter der Nase. Dann konnte ich endlich einschlafen.

Gegen Morgengrauen weckte mich Harukas Kreischen auf. Wie hatte sie mich gefunden? Ich zog mir etwas über und ging zum Balkon. Es war niemand unterwegs. Ich würde Haruka nie loswerden. Echt oder eingebildet hatte sie sich in meinem Gehirn festgesetzt.

Ich ging wieder hinein und begann aufzuräumen. Gegen das Schicksal soll man nicht ankämpfen, hatte Mutter immer gesagt. Ich spülte das Geschirr und hängte die Wäsche auf. Ein Lied kam mir in den Sinn. Mutter hatte es mir oft vorgesungen, als ich klein war.

Dann brachte ich den Gürtel von Harukas Schwester zum Pfandleihhaus. Von dem Geld wollte ich Haruka etwas Hübsches kaufen. Obwohl es noch früh war, herrschte reges Gedränge. In wenigen Tagen begann der halbjährliche Schlussverkauf, bei dem die Pfandleiher der Stadt Tausende von Luxusgütern billig auf den Markt warfen. Eine ganze Markthalle mieteten sie dafür an. Die Erlöse gingen an eine Wohltätigkeitsorganisation.

Auf einem Monitor liefen Nachrichten, eine Sondersendung des staatlichen Fernsehens. Der Reporter berichtete von einem brutalen Raubmord im Norden Tokyos. Die Kamera zeigte ein verwüstetes Apartment, schwenkte zu einer offenen Balkontür und von dort nach unten auf den Asphalt, wo die Polizei die Umrisse eines Körpers markiert hatte.

Ich kam mir vor, als sei ich entkernt worden und jemand gieße nun meine Hülle mit Zement aus.

»Das geistig behinderte Mädchen hat sich anscheinend nach Kräften gegen den Eindringling gewehrt«, hörte ich den Reporter sagen.

»Wer macht so etwas?«, fragte eine Frau neben mir.

Und als hätte sie mir einen Stromschlag verpasst, packte ich meine Sachen und lief aus dem Geschäft, lief zur U-Bahn. Dann fuhr ich zu unserer alten Straße zurück. Das Wohnhaus, in dem Mutter und ich so lange gewohnt hatten, war abgerissen und durch ein moderneres ersetzt worden. Das nahm ich gar nicht richtig war. Ich setzte mich auf eine Mauer gegenüber und sah die alte Wohnung, sah die Urne auf dem Tisch und hörte mich Haruka versprechen, sie mitzunehmen.

Der Rest ist schnell erzählt. Ich lauerte der Schwester vor ihrem Apartment auf. Es fing gerade an zu schneien. Ich beobachtete, wie Kumiko mit Einkaufstüten aus einem Taxi stieg. Ihr Pferdeschwanz hüpfte auf und ab, als sie zum Aufzug ging. Ich huschte hinter ihr in die Kabine und drückte das Notaus.

Als ich den Apartmentblock verließ, hatte eine dünne Schneeschicht Harukas Umrisse bedeckt. Den Gürtel von Dolce & Gabbana warf ich in den Müll.

Seitdem lebe ich am Yodo-Fluss in Osaka. Ich habe fließend Wasser, es riecht nach Schilf und Erde und morgens weckt mich die Sonne. Und wenn die Tage kürzer werden und der Nebel auf der Seele lastet, trage ich etwas Tokyo by Kenzo auf und male mir aus, wie ich Haruka in eines der teuersten Restaurants Tokyos ausführe.

»Doch das verwehte Wunschbild lässt in uns seinen Mädchenduft zurück und wir suchen seine Spur auf allen Pfaden seiner Flucht«

Gustave Flaubert, 1821-1880

Peinlichkeitskiller

Reinhart Hummel

Ich umarmte sie, weil es meine Aufgabe war.

Jeden Tag kam ich zu ihr, schon lange, und wir gingen – obwohl von Gehen im eigentlichen Sinn nicht die Rede sein konnte – ein Stück unseres Lebens miteinander.

Sie: jung, schön und Multiple-Sklerose-krank, in guten Zeiten gierig nach Leben und in schlechten angewidert davon. Ich: jung und Pflegefachmann und immer scharf auf Leben.

Sibela hieß sie. Wir sollten uns vertraut sein, weil ich täglich ihre Haut ohne Umhüllung und überall sah, wusch und fühlte. Half ich ihr vom Bett in den Rollstuhl, umklammerten wir uns und achteten dennoch verkrampft darauf, dass erhabene Regionen unserer Körper sich nicht berührten. Passierte es trotzdem, durchzuckte mich ein elektrischer Strom und verließ mich den ganzen Tag nicht mehr. Auch wenn wir nicht darüber sprachen, bin ich sicher, sie empfand ebenso.

So fing es an. Ich umarmte sie, weil sie auf die Toilette wollte. Die Nähe machte mich nervös, ich roch an ihr und behauptete: »Opium von Yves Saint Laurent.« Sie lachte. »Völlig daneben. Woman von Versace«, sagte sie und die Peinlichkeit löste sich auf unter den Halogenstrahlern in der Badezimmerdecke.

Einen Tag später hatten wir uns wieder im Arm, weil die Nacht vorbei war und sie meine Hilfe brauchte mit dem Rollstuhl. Sie flüsterte: »Pour Homme von Gucci.«

Jene Beziehung begann, von der wir nicht wussten, war sie Spiel oder Laune, Wettkampf oder Bewältigungsstrategie, Peinlichkeitsverscheuchen oder einfach nur Blödelei, weil sie sich täglich änderte wie das Grau der Wolken über den Dächern der Stadt.

Sibela liebte Düfte. »Sie öffnen mir die Türen zur Welt«, behauptete sie und dass sie ohne offene Türen nicht leben könne.

Ohne Absicht geriet ich in ein falsches Zimmer, stand inmitten von Parfumfläschchen unglaublicher Fülle und einem kristallinen Flimmern, wie ich es selbst in französischen Parfümerien nicht gesehen hatte. Ich fühlte mich mies, weil ich ihr Allerheiligstes unerlaubt betreten hatte.

In der Nacht träumte ich davon und dass auch ich zur Strafe multipel sklerosiere und wie mich statt meiner Beine Rollstuhlräder bewegten.

Feinen und wertvollen Düften war ich nicht abgeneigt, obschon ich kein Experte war. Aber ich entwickelte Ehrgeiz und ertappte mich, wie ich in Parfümerien

Probestreifen besprühte und immer gieriger das Neueste vom irren Karussell der Düfte inhalierte. Dabei war es zum Missfallen der Verkäuferinnen nicht Kaufabsicht, die mich vor den Regalen festhielt. Es war der Eifer, die Düfte der Welt kennenzulernen.

Als mich der Geruch von frisch gemähtem Gras erreichte, schwenkten meine Gedanken zu Sibela. Ich wusste, dass sie darunter litt wie ein Hund, von anderen abhängig zu sein und die Kontrolle über sich zu verlieren. Dieses Parfum würde ihr eine Tür in den Garten öffnen, eine Tür in die Freiheit.

»Eine schwierige Aufgabe erwartet dich.« Als ich sie umarmte und ihr das Päckchen überreichte, verstand sie. Ich war sicher, sie würde den Namen nicht herausfinden, und die Erwartung kribbelte in mir; immerhin war der Duft nagelneu.

Wir folgten unserer Spielregel, sogen beiläufig die Aromen ein und ebenso en passant flüsterte sie: »Hm … Kardamom, ein wenig Teakholz, Blutorange, Grapefruit, ein Hauch Anis. Life von Esprit. Das pralle Leben.«

Sie war ein Genie. In jenem Moment kapierte ich es und vor Begeisterung fiel sie mir beinahe aus den Armen. Ich gab mich cool, inhalierte ihren wundervollen Duft, wusste jedoch weder den richtigen Namen noch das Label. Sie verriet es und triumphierte nur hauchdünn: »Brilliant Wish von Chopard.« Sibela und ihr Duft, ihre Fähigkeit und ihre Schönheit, aber auch ihre Krankheit waren in meinem Kopf und blieben gegen meinen Willen darin bis zum Abend und länger und überdeckten alle anderen Geschichten. Ging ich mit Freunden ins Kino oder traf mich mit Arbeitskolleginnen, nahm ich zuerst ihre Düfte wahr. Früher spielte das Auge die erste Geige, jetzt hatte die Nase ihm den Rang abgelaufen. Doch es roch abgestanden und fad. Erkannte ich einen Duft von Sibela, zuckte ich zusammen und der Abend war gelaufen. Eine Frechheit, dass andere Frauen sich ihre Düfte zu eigen machten. In der Diskothek tanzte ich mit einer Blonden – ich hatte drei Caipirinhas geschlürft, um mich dafür aufzulockern. Ich kam ihr sehr nahe, erstarrte förmlich und schrie sie durch den Diskolärm an, wie sie dazu komme, diesen Duft mit sich herumzutragen, und ob sie überhaupt wisse, was Duft bedeute. Bedeute für einen Menschen, dessen Körper ihm nicht mehr folgte, dessen Beine zittern wie Äste im Wind? Nein, nichts wisse sie, einen Scheißdreck wisse sie, was das heißt. Und sie besprühe sich leichtfertig mit diesem Duft, sie, deren Nerven gesund seien und deren Beine gehorchten. Aber es gebe da eine andere, für die sei Duft eine Tür. Die einzige Tür. Die Tür zur Welt. Vielleicht auch die Tür zu mir. Auf jeden Fall zu etwas ganz Großem und da müsse sie gar nicht erst versuchen mitzuhalten.

Die Blonde tippte sich an die Stirn und ließ mich stehen.

Was mich dazu bewog, am nächsten Morgen Sibela davon zu erzählen, weiß ich nicht. Vielleicht waren es die Kopfschmerzen, allenfalls die Reue über mein unmögliches Verhalten, wahrscheinlich jedoch unsere innere Nähe.

Sibelas Wangen liefen rot an und ihr Blick schien am Boden festgeheftet. In jenem Moment durchzuckte mich der Gedanke, mein Benehmen könne eine versteckte Erklärung meiner Zuneigung zu ihr sein. So etwas wie Liebe.

An einem Morgen in dieser Zeit waren Sibelas Füße geschwollen und lagen beim Abtrocknen schwer wie nie zuvor in meiner Hand. Ich konnte nicht anders, ich musste es ihrem Arzt berichten. Wir wussten beide, dass er Medikamente verabreichen würde, um das Wasser aus ihrem Körper zu vertreiben.

Er verordnete eine gehörige Portion von diesen Mitteln, die sich Diuretika nannten, und Sibela würgte sie mit Verachtung, aber in der Hoffnung auf schlanke Füße hinunter. »Ich hasse sie, diese beschissenen Tabletten. Sie quälen mich. Mein Mund ist so staubtrocken, dass ich kaum mehr reden kann. Sie nageln mich auf der Toilette fest. So viel habe ich in meinem ganzen Leben noch nicht gepinkelt.« Sie jammerte und warf mir die Medikamentenpackung an den Kopf.

»Du weißt, wie wichtig sie sind. Das Wasser bedroht deinen Körper.« Ich erzählte ihr wieder und wieder dasselbe und kam mir blöd dabei vor, weil sie doch bereits alles wusste.

Der Kampf gegen die Flüssigkeitseinlagerungen beherrschte uns und unser Spiel mit den Düften verlor sich in ihm. Niedergeschlagenheit breitete sich aus. Es musste etwas geschehen.

Ich versuchte es mit einem hellen, strahlenden und eleganten Duft. Er war vibrierend würzig, Muskat und Pfeffer konkurrierten mit einem Hauch Zitrus und Rhabarber, er nannte sich Aqua di Roma und stammte aus dem Hause Laura Biagiotti. Ich war gespannt wie beim ersten Mal, als ich sie an jenem Morgen umarmte. Sie sagte nichts. Kein »Ah, was ganz Neues«, kein »Mmh, wie luftig«. Einfach nichts.

Ich schwieg verunsichert.

Ihr nasser Körper hinterließ dunkle Streifen an meiner Jacke beim Transfer von der Dusche in den Rollstuhl. Spätestens jetzt müsste sie etwas sagen, wenn auch nur, dass er gar nicht zu mir passe, der Duft. Oder dass er vorzüglich sei.

Nichts.

Ich hielt es nicht mehr aus. »Und? Da bist du sprachlos. Hab ich endlich einen Duft gefunden, den du noch nicht kennst?«

Ihre Augen wurden groß und in jenem Moment wusste ich, etwas war nicht so, wie es hätte sein müssen. Sie verstand, kam ganz nah an mich heran und ihre Nasenspitze berührte mich und sie kitzelte und es gefiel mir trotz meiner Beunruhigung. Sie sog Luft ein und ihre Augen fielen ihr fast aus dem Kopf. »Ich rieche dich nicht … ich … ich dachte … du … hättest gar keinen an dir.«

Sie fuhr zu jener Tür, hinter der ich ihr Allerheiligstes wusste, ich hörte feines Klirren von Flakons und lange blieb sie verschwunden.

»Ich rieche nichts. Da ist nichts. Gar nichts. Kein Euphoria, kein Inside, kein Escada, auch kein l'Homme und kein Challenge, nichts, einfach nichts.« Ihre Augen waren groß wie nie und ihre Beine schlugen. So hatte ich sie noch niemals erlebt.

»Trinken wir erst mal eine Tasse Kaffee.« Ich reichte ihr eine und hoffte, sie würde daran schnuppern, wie sie es immer tat, und ihr glucksendes Glücksgeräusch hervorbringen. Aber es kam nicht. Selbst der Geschmack hatte sie verlassen. Sie hätte ebenso gut heißes Wasser trinken können. Wir saßen uns lange am Küchentisch gegenüber, so lange, wie ihr Tränen von den Wangen tropften und ich an jenen Traum dachte, an den Duft nach frisch gemähtem Gras. Da fiel er mir wieder ein, der Bauer. Er war vor Jahren fast an dem Wasser in seiner Lunge erstickt. Diuretika hatten sein Leben gerettet, dafür konnte er weder Wasser von Most noch Rasierwasser von Gülle unterscheiden.

»Die Medikamente sind schuld. Sie haben nicht nur das Wasser aus den Füßen, sondern auch dein Riechen und Schmecken fortgespült.«

Ihre Augen schwammen und ihre Knie zitterten wie die Stimme: »Und das bleibt so? Meine … meine Tür zur Welt … für immer zu? Nie, nie mehr …?«

Ich setzte alles daran, sie zu beruhigen. Sie ließ mich eine Menge Zeug anschleppen: Salmiakreiniger, Verdünner, Klebstoff, zuletzt den Abfalleimer. Sie schob sich nahe heran, sog tief Luft ein. »Wieso mieft der heute nicht, verdammt, wieso nicht?«

Sie schickte mich Zigaretten holen und ich musste eine rauchen. Es war scheußlich. Ihre Wohnung, in der es stets rein und frisch roch, stank nach Rauch und Nitroverdünner. Sie drehte sich in ihrem Rollstuhl wild auf der Stelle. Das Quietschen der Reifen vermischte sich mit ihrem Schluchzen.

»Ich riech nichts. Aus. Vorbei. Nicht mal diesen ekligen Qualm.«

Die Tage waren beschissen für Sibela. Der Appetit kam ihr genauso abhanden wie die Lust am Leben. Sie wollte das Bett nicht mehr verlassen, und als ich sie doch einmal überredete, war ihr der Transfer peinlich wie beim ersten Mal und wir wussten nicht, wohin mit unseren Blicken, als sich die erhabenen Stellen unserer Körper berührten.

Irgendwas musste passieren.

Ich trank viel vom Roten an jenem Abend. Bei jedem Schluck sog ich sein Aroma ein und dachte an sie: an ihre verschlossene Tür und daran, wie ich sie öffnen könnte.

Die Idee war zunächst klein, vage und weinbeseelt, aber existent. Den Rest der Nacht verbrachte ich damit, mir Düfte vorzustellen. Unglaublich viele hatte ich in den vergangenen Monaten ausprobiert, hatte sie unterscheiden gelernt, ihre Nuancen erforscht, ihre Merkmale gespeichert und ihre Flüchtigkeiten erlebt. Sie jedoch zu beschreiben, sie zu erzählen, um mit ihnen Türen aufzustoßen, das schien mir ein gewagtes Abenteuer. Aber ich wollte es versuchen. Unbedingt. Mit jedem Schluck Wein stieg meine Begeisterung.

Am Morgen machte meine Zuversicht den Kopfschmerzen Platz. Ich würde nie die richtigen Worte finden. Sie würde niemals auf meinen Duftworten fortgetragen, in die Welt, in meine Welt. Ich würde stottern und sie würde sich auf die Seite drehen und stöhnen, ich solle aufhören mit diesem Mist.

Nahe kam ich ihr, als sie sich von mir abwandte, um zu zeigen, dass sie lieber im Bett vermodern wolle, als sich auf diesen Tag einzulassen. Meine Lippen berührten beinahe ihr Ohr und ich flüsterte sanft: »Ich erzähle dir eine Geschichte und du verrätst mir den Duft dazu! Glaub mir, es ist schwer.«

Sie rieb sich die Augen, brummelte Unverständliches, aber ich wusste, ich hatte sie neugierig gemacht.

»Stell dir vor: Unangemeldet stehe ich vor deiner Tür. Ich hole dich auf eine Spazierfahrt mit dem Rollstuhl ab. Bevor wir gehen, hülle ich dich in einen deiner Düfte ein. Ich schiebe dich die Platanenallee entlang. Deine Haare kitzeln auf meinem Handrücken. Fruchtiger Duft umgibt dich, ein Hauch von Blumen. Das Wasser der Donau neben uns fließt schnell und die bunten Kanus scheinen ungeduldig. Ich entdecke eine Spur Orangenblüten, vielleicht sogar eine Fährte Mandarinen. Sommerwind weht und eine Strähne deines

Haares verfängt sich an meiner Armbanduhr. Wir bleiben stehen, ich beuge mich hinunter, um die Verwirrung zu lösen, und rieche rote Pflaumen, sehr fein und kaum der Rede wert. An der Einmündung des Weges steht ein rotes Cabrio. Plötzlich spüre ich den Drang, Verbotenes zu tun. Ich beschleunige deine Karre und eine Ahnung von Sandelholz erreicht mich. Am Eiswagen dreht uns der Fahrer seinen Rücken zu. Zum Glück steckt der Zündschlüssel und du bist ein Leichtgewicht. Ich hebe dich ins Cabrio. Und da ist sie wieder, die Spur. Ja, genau, Sandelholz, eine Andeutung Orient. Du machst große Augen, aber sie lächeln vom Spaß an der Verrücktheit. Im Rückspiegel sehe ich deinen Rollstuhl kleiner werden in der Parklücke und deine Haare wehen zu mir herüber mit einer duftigen Andeutung nach Pink-Trauben. Wir singen wie die Bekloppten *Ich war noch niemals in New York* und rasen die Rosgartenstraße entlang. Der Eigentümer des Cabrios sitzt in deinem Rollstuhl, als wir zurückkommen. Er tobt und droht mit Polizei. Wir laden ihn auf ein zweites Eis ein und überzeugen ihn, dass jeder Mensch täglich eine gute Tat vollbringen solle und wir ihm heute zu einer solchen verholfen haben. Sein Schimpfen mündet in Nachdenklichkeit, schließlich macht er sich davon. Als ich dich wieder in deinen Rolli setze, gibst du mir einen Kuss wie aus Versehen und ich rieche ihn, diesen großartigen Duft, der alle Regeln bricht und zu den verrücktesten Sachen verführt, aber stets ein fantastisches Gefühl von Glück zurücklässt.«

Ich räusperte mich, um das Ende der Geschichte anzudeuten. »Jetzt du! Welchen Duft hattest du an dir?«

»Hm, gar nicht so einfach. Muss überlegen.«

Während sie nachdachte, leistete sie mir keinen Widerstand, und irgendwann saß sie geduscht, mit luftigen Haaren und fein duftend in ihrem Gefährt.

»Und? Hast du's endlich herausgefunden? Das hätte ja deine Großmutter schneller gewusst.«

Sie funkelte mich ärgerlich an. Aber in jenem Moment wusste ich, ihre Emotionen waren wieder erwacht.

»Schwierig, aber nicht unmöglich. Ich … ich tippe auf, nein, bin mir ziemlich sicher, es kann eigentlich nur das Kultlabel aus Kalifornien sein. Es ist Couture Couture von Juicy, in diesem abgefahrenen Fläschchen mit pinkfarbenem Reißverschluss.«

Sie hatte recht und sie würde jedes Duftmolekül, wäre es auch noch so einsam, identifizieren und benennen, selbst wenn es nur beschrieben wurde. Wir küssten uns wie die Irren und sie wollte sofort die nächste Geschichte und noch eine und noch eine. Aber es gab sie nur in sanfter Dosierung am Morgen, manchmal als Bewältigungsstrategie, oft als Jux und immer als Peinlichkeitskiller.

Sibela blickte mir in die Augen wie noch nie jemand vor ihr, zog mich zu sich herab und flüsterte mir ins Ohr: »Bin ich froh, dass ich wieder riechen kann.« Ihr Atem rauschte warm in mir und es kribbelte. Sie strich sich über die Nase und sagte: »Auch wenn ich dich und deine Geschichten dazu brauche.«

Für den Tag, an dem sie wieder ohne mich riechen konnte, legte ich ihr – zusammen mit einem winzigen Flakon – einen Brief auf ihr Kopfkissen:

Düfte sind Schatten, unsere Schatten, verschwenderische und fiktive Spiegelungen. Sie sind ein innerer Palast von filigraner Durchsichtigkeit und wundervollster kristalliner Architektur. Sie sind flüchtig, ohne Gewicht und plötzlich verbraucht. Sie berühren uns tief und hinterlassen ein eigenartiges Glücksgefühl.

Herznote mit Biss

Michael Zeidler

Mit unbewegter Miene nahm Ted die zweite Karte auf. Ein Ass! Zusammen mit der Neun waren das 20 Punkte. »Double down!«, rief er und legte noch einen Zwanziger auf das speckige Tischtuch.

In der Halle setzte man keine Jetons. Manchmal gab es nicht einmal Geld am Tisch, denn wer hier zockte, konnte oft nur noch seine Dienste oder seinen Körper anbieten.

Früher, als die Firma gut lief, hatte Ted in den Nobelkasinos am Strip viel Geld gewonnen und verloren, hatte im Anzug ganz oben in der Pyramide des Luxors gesessen oder im Caesars Palace und genüsslich durch Panoramascheiben auf Las Vegas hinuntergeschaut, während er scheinbar gedankenlos die Chips über den Roulettetisch verteilte oder beim Black Jack vor sich aufstapelte. Damals spielte er zur Entspannung und nicht, um die miesen Finanzen aufzubessern.

Die Aufträge wurden weniger und er verbrachte

mehr Zeit in den Kasinos. Irgendwann erging es ihm wie all den anderen Glücksrittern, die glaubten, die glitzernde Bestie bezwingen zu können: Sie spie seine Überreste aus, nachdem sie ihn bis auf die Knochen abgenagt hatte.

Dem Auto folgte das Haus, Lizzie und er zogen vom Glitzerviertel in den Norden der Stadt, die Heimat von Motorradgangs, illegalen Einwanderern und jenen, die wie er auf eine zweite Chance hofften. Alte Freunde verschwanden, neue kamen und diese führten ihn in die rauen Ecken Vegas' ein. Ted gewöhnte sich ziemlich schnell daran, dass ein Menschenleben hier einen anderen Wert hatte als in der Welt der Sorglosen. Seine neuen Freunde trugen keine maßgeschneiderten Anzüge, waren tätowiert, tranken Dosenbier und fuhren Harley statt Jaguar. Rodney, der Croupier am Black-Jack-Tisch in der Halle, war einer davon.

Die Pforten der VIP-Etagen blieben ihm nun verschlossen. Der Strip liebte Verlierer, aber nur solche, die sich eine weitere verlustreiche Nacht leisten konnten, die vielleicht wütend über ein paar verspielte Tausender wurden, aber nicht daran zerbrachen.

Rodney legte seine Hand aus. König, sechs, sieben. »Busted«, sagte er und lächelte Ted zu. »Du gewinnst.« Er schob ihm ein paar Scheine über den Tisch. »Wie geht's zu Hause?«, fragte Rod.

Ted zuckte mit den Schultern. »Wie soll's schon gehen? Mit der Schlampe rede ich kaum noch. Entweder hockt sie in ihrem Loch und kommt nicht hervor oder sie treibt sich irgendwo herum.« Er machte eine kurze Pause und fuhr fort. »Ich traue ihr nicht!«

Rodney wartete auf eine Erläuterung.

»Wenn ich den Löffel abgebe, regnet es Geld auf ihren hohlen Kopf!«

»Versicherung?«

Ted nickte.

»Und wenn sie den Löffel abgibt?«, fragte Rodney. »Regnet es dann Greenbacks auf deinen hohlen Kopf?«

Ted blieb stumm. Er wollte erneut setzen, da hob der Croupier abwehrend beide Arme. »Das reicht für den Strom und vielleicht noch für eine Rose für Lizzie, meinst du nicht? Vielleicht solltet ihr euch einmal aussprechen?«

Ted nickte. »Hast recht, Rod. Danke«, sagte er und verließ den Tisch.

Gut gelaunt schlenderte er durch die Halle, spazierte vorbei an weiteren Black-Jack-Tischen, Pokerspielen, Sic Bo und einer Reihe Einarmiger Banditen. Es wurde viel geboten: Man konnte sein Geld beim Billard und an der Dartscheibe verspielen, sich im Armedrücken messen und sogar im Boxring sein Glück versuchen. Der VIP-Bereich am anderen Ende der Halle wurde von einem bulligen Kerl bewacht. Ted nickte dem Bouncer zu und dachte, dass heute sein Glückstag sei und aus einer Rose ruhig ein ganzer Strauß werden könne. Er setzte sich für ein letztes Spiel an einen Roulettetisch.

Schlecht gelaunt fuhr er wenig später bei Mallory in die

Einfahrt. In ihren Armen würde er die teuflische weiße Kugel schon vergessen, die sich heute gegen ihn entschieden hatte.

Mallory öffnete im Pyjama. Sie arbeitete an der Bar, wo sie sich während einiger Bierchen kennengelernt hatten. Aus dem Small Talk entwickelte sich eine Beziehung, obwohl sie ohne Weiteres seine Tochter sein könnte. Mallory schaute ihn aus verschlafenen Augen an und unterdrückte ein Gähnen.

»Nachtschicht?«, fragte er.

Sie nickte.

»Entschuldige, das habe ich vergessen.«

»Macht nichts. Komm rein.«

Das Wohnzimmer lag in schummrigem Licht; Sonnenstrahlen drangen vereinzelt durch Spalten im Rollo. Ted zog das Mädchen an sich; sie duftete nach Schlaf. Mallory umarmte ihn, ein zaghafter Kuss folgte, dann ein heftiger und sie fielen umschlungen aufs Sofa.

Teds Welt versank in einem Feuerwerk aus Leidenschaft. Mallory weckte in ihm Gefühle, die er nach all den Jahren mit Lizzie verloren geglaubt hatte. Die nächste Stunde half sie ihm, seine Sorgen wenigstens kurz zu vergessen.

Draußen vor dem Fenster torkelten zwei Spätheimkehrer durch die Nacht. Mallory schaute ihnen zu und steckte sich eine Zigarrette an. Ted holte ein Bier aus dem Kühlschrank und setzte sich wieder auf den Hocker.

»Schlechten Tag gehabt?«, fragte sie.

Ted nickte.

»Geld verloren?«

»Fast alles.«

Mallory schüttelte den Kopf. »Ted, Ted, Ted! So kann das nicht weitergehen.« Sie trat heran, fuhr ihm mit einer Hand durchs Haar. »Als ich dich kennengelernt habe, warst du ein Macher. Du hattest eine Firma, eine Zukunft und eine langweilige Träne am Hals. Und nun?«

Ted schwieg.

»Ich habe dich wirklich gern. Schau dich um«, sagte sie. »Das ist doch kein Leben.«

»Du wirfst mich raus?«, fragte er und trank einen tiefen Schluck.

»Nein, zumindest jetzt nicht! Ich möchte, dass du dein Leben auf die richtige Spur bringst.«

Ted nickte stumm.

»Vier Wochen! Zeig mir, dass du es noch drauf hast.«

Ted fühlte sich schwach, als er Mallory verließ. Ein Ultimatum! Konnte er ihr das übel nehmen? Vier Wochen! Die Schulden abzahlen, die Firma wieder auf die Füße stellen und Lizzie den Laufpass geben. An seinem Auto angelangt, betrachtete er sein Spiegelbild in der Windschutzscheibe.

»Vier Wochen!«

Grantig betrat er sein Haus. Es hatte drei Zimmer: Links war sein Reich, rechts widmete sich Lizzie ihrem duftenden Hobby und in der Mitte hatten sie einmal das Bett geteilt.

Ted war ein Augenmensch, er beschrieb seine Umgebung in Farbtönen. Harte Kontraste, reine Farben – in dieser Welt lebte er, während die seiner Frau in Pastelltönen gezeichnet schien. Lizzie würde sich selbst vermutlich als eine Frühlingswiese darstellen, mit all ihren Blumendüften und dem Geruch von nasser Erde nach einem Gewittersturm, und ihn wie eine raue Gebirgslandschaft mit Kiefern und Flechten. Früher waren sie ein ideales Team gewesen: Das Auge gab die Richtung vor, den ersten Impuls, war das Steuerrad. Die Nase lotete die Feinheiten aus, knüpfte bleibende Verbindungen, war der Motor, der das Schiff auf Kurs hielt.

Doch seit er Mallory lieben gelernt hatte, nahm er Lizzie kaum noch wahr. Wahrscheinlich weinte sie sich ebenfalls in anderen Armen aus. Und wenn schon.

Ted ging auf sein Zimmer, schaltete den Computer an und loggte sich in sein E-Mail-Konto ein. Penisvergrößerung, Viagra, Dating Sites, Spam, Spam, Spam, dazwischen ein paar belanglose Nachrichten von seinen Freunden und … »Vielen Dank für Ihren Einkauf?«, rief er verärgert. Er druckte die E-Mail aus und eilte in Lizzies Reich.

Wie kleine Soldaten waren Glasröhrchen in einem deckenhohen Regal aufgereiht, darunter Proben neuer Düfte und Flakons aus besseren Zeiten mit exotischen Namen wie Soir, Vendetta oder Pour l'Amour. In einer Schale im Fenster steckten abgebrannte Räucherstäbchen und die Wände schmückten Poster mit sinnlich drein-blickenden Frauen oder herb ausschauenden Männern. Wenn er sich in dieser Teenagerparfümerie umblickte, fragte er sich wirklich, was ihm jemals an Lizzie gefallen hatte.

»Zwanzig Dollar!«, rief Ted und winkte mit dem Ausdruck. »www.perfume.com? Bist du noch zu retten?«

Sie antwortete ihm nicht, warf ihm nur einen Blick zu, in dem er Verachtung las, nein, Abscheu!

»20 Dollar würden helfen, die Gasrechnung zu bezahlen, und du verschleuderst sie für eine weitere Flasche Gestank? Muss ich unser Konto sperren?«

»Keine Sorge, ich werde es schon wieder auffüllen«, zischte sie wütend. »Wenigstens verbrenne ich mein Geld nicht am Spieltisch!«

»Ich spiele, um unser Budget aufzubessern!«, brauste er auf. »Während du zu Hause rumhockst und in die Ecke stierst! Wofür brauchst du überhaupt noch mehr Parfums? Hast du nicht schon genug in den Läden zusammengeklaut?«

Lizzie schüttelte trotzig den Kopf. »Ich klaue nicht! Yang ist ein spezieller Duft, den bekommt man nicht überall.«

»Noch so ein Chinesengemisch? Gib unser Geld wenigstens für *Made in USA* aus!« Ted verließ ihr Zimmer, bevor er sich noch mehr aufregte. Nein, er war nicht spielsüchtig. Er hoffte auf den ganz großen Gewinn. Dann könnte er aus diesem Loch verschwinden, die Firma sanieren, vielleicht wäre sogar ein neues Auto drin, auf jeden Fall eine neue Frau.

Lizzie hielt Wort. Verwundert stellte Ted auf dem On-line-Kontoauszug fest, dass sie eine Bareinzahlung geleistet hatte. 20 Dollar.

Er wartete, bis sie das Haus verließ, und durchsuchte ihr Zimmer. Wie war sie an das Geld gekommen? Es dauerte nicht lange und er fand einen Karton in ihrem Schrank. Darinnen viele kleine Scheine und ein Brief-umschlag mit einer Grußkarte. »Für außergewöhnliche Dienste? Christofferson Catering? Die Schlampe ver-dingt sich als Hure!«

»Nochmal zehn«, sagte Ted und schob einen Schein in die Mitte des Tisches. Rodney teilte aus. »Alles in Ord-nung mit dir?«, fragte er.

»Nein!«, grunzte Ted.

»Deine Frau?«

Ted nickte. »Schlampe!«

Rodney zuckte mit den Achseln.

»Das Biest verdient sich in fremden Betten eine gol-dene Nase und lässt mich malochen!«

»Deine Frau geht anschaffen?«

»Christofferson Catering. Catering, pah!« Er schüt-telte den Kopf. »Ein Koffer voller Geld im Schrank, ein Dankesschreiben von einer ihrer Stecher.«

»Und aus jenem Koffer kommen alle diese Scheine?« Rodney deutete auf den Geldhaufen vor Ted.

»Ich habe nur ein paar geliehen.« Er grinste breit und deckte sein Blatt auf. »Black Jack!«

Rodney nickte und schob ihm den Gewinn zu. »Glück gehabt! Aber reich wird hier niemand.« Nach dem nächsten Spiel schloss Rodney den Tisch und sagte: »Komm mit!«

Ted folgte ihm durch die Halle bis zur Tür, die von dem Bodyguard bewacht wurde. Noch bevor sie unten angelangt waren, hörten sie das frenetische Gebrüll wettender Glücksspieler. Sie betraten den fensterlosen Raum. Aus Lautsprechern dröhnte Technosound. Rodney und Ted schoben sich durch eine ekstatische Gruppe von etwa 30 Zuschauern bis vor den Ring, in dessen Ecken zwei Bullterrier darauf warteten, sich gegenseitig zerfleischen zu dürfen.

Mit hochgezogenen Lefzen zerrten die Bestien an ihren Ketten, der Buchmacher schrieb mit Kreide Wettquoten auf eine Tafel, Geldscheine wechselten die Besitzer, Bier floss. Dann der Gong, die Ketten fielen und die Kampfhunde stürzten aufeinander zu. Johlende Zuschauer verfolgten das blutige Gemetzel. Schließlich lag ein Tier tot im Sand, das andere humpelte schwer verletzt umher.

»Den wird nur noch der Gnadenschuss erwarten«, sagte Rodney und schaute grinsend auf die Tafel. »3:1, das sind 300 Dollar für den glücklichen Sieger. Nun lass mich mal die Lebensversicherung des Köters kassieren.«

»Wahnsinn!«, flüsterte Ted, ergriffen von dem Schauspiel.

»Teuer für den Verlierer«, antwortete Rodney und schaute auf den toten Hund, der von zwei Jungen nach draußen geschleift wurde.

Der Keller roch nach Blut und Schweiß, selbst Teds schlechte Nase wurde durch die Intensität der Gerüche überwältigt; Rodneys Kommentar hallte ihm noch immer im Ohr nach – ein Gedanke formte sich. Ted deutete in den Ring und fragte: »Wer richtet diese Biester ab?«

Rodney zeigte nach links. »Den heutigen Sieger hat Leo dressiert.«

Leos rechtes Lid hing schlaff über dem Auge – ein Piercing hatte einen Nerv getroffen. Die anderen Metallringe schienen ihm keine Unannehmlichkeiten zu bereiten, und was von der Haut nicht durchstochen war, zierte ein Tattoo, das Ted an einen Kiowa auf dem Kriegspfad erinnerte.

»Fokus!«, erklärte Leo. »Darauf kommt es an. Eine einzige Aufgabe: töten, und zwar den gegnerischen Hund.«

»Wie viel?«, fragte Ted und rieb Daumen und Zeigefinger aneinander.

»Das hängt von der Ausbildung ab, von seinem Alter und so weiter.«

»Kannst du den auch auf andere Ziele abrichten?«

Leo nickte. »Habe schon einige Jagdhunde ausgebildet.«

»Und wie viel kostet der Spaß nun?«

»Wen soll er denn zerreißen?«

Ted schlenderte durch die Parfümerie des *Dufttempels* und freute sich an den kunstvoll geschliffenen Fläschchen. Früher hatte Lizzie versucht, ihm beizubringen, Düfte zu beschreiben, aber er war eben ein Augenmensch. Essen roch entweder gut oder schlecht und Parfums süß oder herb, manchmal auch fruchtig. Also betrachtete er lieber die bunten Flakons, ovale, eckige, die gläsernen Stopfen geschliffen wie Diamanten. Es gab welche in Form von Geigen und kleinen Wasserpfeifen. In einigen schimmerte goldbraune Flüssigkeit, als enthielten sie Whiskey oder Amaretto. Miniaturkürbisse standen neben Minaretten, auf dem nächsten Regal ein paar Sterne, Würfel, Schneckenhäuser, alle gefüllt mit teuren Wässerchen.

Ted schaute durch einen Flakon hindurch und die Frau hinter der Kasse sah tatsächlich aus wie eine Giraffe. Er erinnerte sich an Einkaufstouren mit Lizzie. Sie hatte zu jedem Duft etwas zu erzählen, während er sich von den Flakons inspirieren ließ und sich Fantasiegeschichten dazu ausdachte. Doch diese Zeiten waren vergangen und verloren.

Yang stand auf einem Ehrenplatz, einem samtbezogenen Podest, angestrahlt von einer Halogenlampe. Ted lächelte und betrachtete das Spiel des Lichts, das sich in dem gläsernen Kunstwerk brach und funkelnde Sterne an die Wand warf. Es gab nur dieses eine pyramidenförmige Fläschchen. Er blickte auf das Preisschild, keuchte und fuhr zurück. Das konnte er sich nicht leisten.

Geduldig schlenderte er durch die Regalreihen und

studierte die Angebote, bis endlich eine ältere Dame Yang zur Kasse trug.

Ted folgte ihr hinaus. Er wartete den richtigen Augenblick ab, trat von hinten an sie heran, griff nach ihrer Handtasche und schlug ihr brutal ins Kreuz.

»Wie war dein Tag?«, fragte Lizzie.

Sie hatte geweint. Hatte sie den Verlust ihres Geldes schon bemerkt?

Er öffnete die Pizzaschachtel, die er auf dem Heimweg gekauft hatte. »Sehr gut!« Er lächelte. »Gewonnen!«, sagte er, stellte eine billige Flasche Wein auf den Tisch und reichte ihr einen Umschlag. »Für dich!«

Lizzie quälte sich ein Lächeln auf die Lippen und öffnete ihn still. »Tickets für Stand-up-Comedy!«

»Die Mitternachtsshow. In zwei Wochen!«, ergänzte Ted.

Lizzie beugte sich über den Tisch und gab ihm einen Kuss auf die Wange. Sie stank nach irgendeinem süßen Duftwasser. »Ich liebe Comedy!«, sagte sie. »Wir waren schon so lange nicht mehr aus!«

Beide bissen in die Pizza.

»Das ist der Köder«, erklärte Ted und zeigte Leo den pyramidenförmigen Flakon. »Mehr kann ich davon nicht auftreiben, also verschwende es nicht.«

Leo öffnete Yang. »Riecht nach nichts.«

»Zumindest nicht nach den 300 Dollar, die es kostet.«

Leo zuckte mit den Schultern. »Der Kram ist total überteuert.«

Ted grinste.

»Das Zeug sollte reichen. Von Parfum braucht man ja nicht viel, um eine ganze Flugzeughalle zu füllen.«

Leo nickte. Er stieg in einen gut gepolsterten Schutzanzug, zog einen Helm mit Gittermaske über und gab einen Tropfen Yang auf seinen Handschuh.

»Warte ein paar Minuten, bis die Kopfnote verflogen ist«, wies Ted ihn an.

Leo schaute ihn fragend an. »Du meinst, das riecht dann anders?«

Ted nickte. »Ein bisschen. Subtiler.«

»In zwei Wochen?«, fragte Leo und griff nach einem Elektroschocker.

»Nach der Mitternachtsshow in der kleinen Gasse hinter dem Comedy Melange. Du bekommst deinen Anteil, wenn die Versicherung gezahlt hat. Deal?«

»Deal!«, antwortete Leo und schritt drohend auf den zähnefletschenden Bullterrier zu, der an einen Eisenzaun gekettet war.

»Ist dein Wunderduft endlich angekommen?«, fragte Ted zwei Wochen später.

Lizzie nickte aufgeregt.

»Und werde ich seine Magie heute spüren?«

Lizzie blickte ihn vielsagend an.

Ein paar Stunden später hörte er sie unter der Dusche singen. Das Wasser versiegte, nun rubbelte sie sich trocken. Sie summte. Der Fön. Jetzt war bestimmt das Parfum an der Reihe. Lächelnd knöpfte er sein Hemd zu.

Lizzie trat aus dem Badezimmer. Sie trug das kleine Schwarze, in dem er sie schon seit Jahren nicht mehr gesehen hatte. Ted wunderte sich, dass sie noch hineinpasste. Von Yang nahm er nichts wahr, aber das hatte er erwartet.

»Tataa!«, flötete Lizzie und bewegte sich schlangengleich auf ihn zu. »Na?«

»Atemberaubend!«

Sie fuhr mit den Fingern über seinen Hemdkragen. »Lass mich das mal richten.« Sie küsste ihn sanft auf die Wange. »Ich freue mich schon so«, hauchte sie in sein Ohr.

Er betrachtete Lizzie im Spiegel, eng an ihn geschmiegt. Auf einmal schwebte die Erinnerung schmerzend in der Luft. Er fühlte sich wie damals, als sie sich kennengelernt hatten. Sie umschlang ihn und es kribbelte in seiner Brust.

Sie genossen die Show, lachten über dieselben Witze und unter dem Tisch berührten sich ihre Hände. Ted schnupperte einen Duft, der ihn an Opas Obstgarten erinnerte, an die Brise am Pazifik nahe bei San Francisco, an seinen ersten Kuss, an den Geruch in der Kirche bei ihrer Hochzeit. Der Duft umspannte sein ganzes Leben, alles, was ihm jemals lieb gewesen war, und er war untrennbar mit Lizzie verbunden.

Ted schloss die Augen, verbannte die Show und gab sich ganz Yang hin.

Viel zu schnell verabschiedeten sich die Komödianten, viel zu schnell leuchteten die Deckenlampen auf. Lizzie klatschte aufgekratzt. Sie umfasste seine Hand und Ted fühlte sich glücklich und dankbar.

Bevor sie das Theater verließen, umarmte er seine Frau und küsste sie erst sanft, dann leidenschaftlich. Diesen Kuss wollte er für immer auf den Lippen spüren. Er schmeckte intensiver als alles, was er bei Mallory gekostet hatte.

Sie betraten die Gasse.

»Du bist aber heute spitz, mein Liebling!«, schnurrte Lizzie. »Wie früher.« Sie schlenderten ihrem Auto entgegen.

In der Ferne bellte ein Hund.

»Der erste gefiel mir am besten«, sagte Lizzie.

Ted stimmte ihr zu und fühlte eine schwere Last auf seiner Brust. So vieles hatten sie zusammen erlebt. In guten und in schlechten Zeiten! Es gab nichts, was sie nicht gemeinsam durchstehen konnten, er das Auge, sie die Nase. Mallorys Bild verschwamm vor seinem geistigen Auge und Lizzie nahm feste Gestalt an.

Ted ahnte die Krallen des rennenden Bullterriers auf dem Asphalt.

»Weißt du, ich arbeite seit einiger Zeit bei einem Catering-Service. Bald habe ich genug gespart, dann können wir vielleicht hier weg.«

Nur noch ein paar Schritte, dann wären sie in Sicherheit. »Komm schnell!«, drängte er und zog Lizzie hastig zum Auto.

Ted tastete seine Taschen ab. »Der Schlüssel?«

Sie reichte ihm ihre Handtasche. »Es sollte eine Überraschung sein, aber …«

Ted öffnete sie und begann zu kramen.

Hecheln!

Da sah er das Parfum.

»Yin? Ich dachte, das, was da heute angekommen ist, hieß Yang?«, bemerkte er verwundert.

»Stimmt. Schwarz und weiß, hell und dunkel, die Nasenfrau und der Augenmann, Yin und Yang!«, antwortete Lizzie. »Gegensätze, die zusammen ein Ganzes ergeben, so wirken diese beiden Parfums. Alleine riechen sie nach kaltem Wasser, doch gemeinsam, von der Haut zweier zugehöriger Herzen aufstrebend, verbinden sie sich zu Liebe und Lust. Du warst in letzter Zeit so abwesend, hast mich kaum noch beachtet … dabei habe ich hart für uns gearbeitet … dann fehlte Geld …« Sie seufzte.

»Wenn du Yin trägst … wer … wo …?«

»An deinem Kragen, Liebster.«

Ihre Augen wurden vor Schrecken groß.

Ted wirbelte herum …

Illusionen

Armena Kühne & Thomas Hocke

Anna sog die Luft der uralten Gasse ein. Schlenderte vorbei an billigen Restaurants mit Straßenverkauf. In den Vitrinen fette Würste und blutrote Steaks. Ein versöhnlicher Hauch von Meeresfrüchten. Einen Moment zögerte sie, überlegte, ob sie eine Portion Fisch mitnehmen sollte.

»Bonjour, Anna!«

Es war Marcel, der junge Mann aus dem Senegal. Er stand auf der anderen Straßenseite in einer Toreinfahrt. Anna ging zu ihm hinüber. Er roch leicht nach Zimt und Galbanum. Würzig, erdig und ein wenig nach Laub. Anna liebte diesen Duft, den sie eigens für ihn geschaffen hatte.

»Zufrieden?«, fragte er und ließ seine Zähne blitzen.

»Womit?«

»Wie ich dein Wunderwasser benutze. Die Weiber stehen darauf.«

Beide lachten. Er ist ein Dandy geworden, schoss es

ihr durch den Kopf. Er kleidet sich vollkommen anders als früher und benutzt das Parfum. Nicht zu aufdringlich, genau das richtige Maß.

»Auf wen wartest du?«

»Das Haus der sieben Sünden hat Nachwuchs. Eine Araberin. Klasse Frau, sag ich dir! Ich warte, bis sie endlich frei für mich ist.«

Anna beobachtete die Dirnen am Gyrosverkauf. Sie kannte alle beim Namen und manche von ihnen kauften Parfum in ihrem Geschäft. Wegen der günstigen Miete war Anna in diese Straße gezogen. Wegen der Mädchen war sie geblieben.

»Du hörst mir gar nicht zu, Anna – was ist los?«

Marcels Stimme schreckte sie aus ihren Gedanken.

»Ich suche Suzanne, sie war schon lange nicht mehr da. Ihr Atelier am Montmartre ist auch verwaist.«

»Mach dir keine Gedanken!«

»Ich vermisse sie.«

»Ich werd mich mal umhören.«

Anna sah zum Bordell hinüber. Eine junge Frau mit orientalischen Zügen trat heraus und blieb stehen, um sich eine Zigarette anzuzünden.

»Unter welchem Namen arbeitet sie?«, fragte Anna.

»Fatima.«

Marcel wechselte mit einem »Salut!« die Straßenseite und Anna setzte ihren Heimweg fort.

Am nächsten Morgen peitschte Regen durch die Gasse. Meine Stimmung ist wie das Wetter – oder umgekehrt, dachte Anna, als sie ihr Geschäft aufsperrte. Der Wind trieb eine Plastiktüte über das Pflaster, ließ sie an einer Hauswand nach oben wandern und wieder zu Boden sinken.

Mechanisch nahm Anna ein Staubtuch und reinigte die Flakons in den Regalen. Sie hatte in der Nacht schlecht geschlafen, immer wieder an Suzanne gedacht, an den ersten Tag ihrer Begegnung.

Schutz suchend stand sie unter einer Markise, während ihr Pflasterbild vom Regen weggewaschen wurde. Anna stellte sich neben sie. Zigarettenqualm gemischt mit Sandelholz stieg ihr in die Nase.

Sie kamen ins Gespräch und setzten sich ins nächste Café. Suzanne war pleite, wie später so oft. Vom ersten Moment an mochte Anna Suzannes Art, bewunderte ihre unbändige Lebenslust. Und während Suzanne erklärte, dass nichts wichtiger wäre, als zu malen, hatte Anna ein Gefühl in sich, das sie nicht definieren wollte.

Suzannes Schicksal war holpriger als diese alte Straße vor ihrem Geschäft und konnte genauso viel erzählen. Und immer wieder brachen Unwetter herein und spülten jeden zarten Trieb von Stetigkeit hinweg. Geschieden, zweimal. Abgebrannt, ausgebrannt, vom Sturm des Lebens in den Türrahmen gedrückt. Sie hatte als Kellnerin gejobbt, als Küchenhilfe, Pferde gestriegelt, um zu überleben, manche kurze Affäre und lange Tage des Hungers hinter sich gebracht.

Ich will, dass sie endlich bleibt. Bei mir bleibt, dachte Anna. Sie kontrollierte den Bestand in ihrem Lager, als das Windspiel an der Eingangstür ertönte.

Es war Marcel. Sein Taxi parkte am Straßenrand.

»Schau, wen ich dir mitgebracht hab!«

Er trat einen Schritt zur Seite. Hinter ihm Suzanne. Sie trug ein dünnes Sommerkleid. Nass vom Regen klebte es an ihrem Körper, zeigte mehr, als es verdeckte.

Es dauerte einige Sekunden, bis Anna ihre Sprache wiederfand. »Zieh dich um, sonst holst du dir eine Lungenentzündung.«

Suzanne warf nur einen raschen Blick auf Anna und verschwand im hinteren Raum.

»Wo hast du unser Mädchen denn aufgegabelt?«, fragte sie Marcel.

»Direkt am Montmartre. Dein Vögelchen war auf dem Flug zum Atelier.«

»Danke, Marcel, du hast was gut bei mir.«

»Wieder mal so 'n Fläschchen von deinem Wunderwasser wär nicht schlecht!«

Anna ging zum Regal und entnahm einen Flakon mit der Aufschrift *Marcel*. Als sie sich umdrehte, hatte er den Laden bereits verlassen und stieg in sein Taxi. Winkte Anna zu, bevor er losfuhr.

Suzanne erschien im Durchgang. In Annas Bademantel, der viel zu groß war. Sie rieb den Kopf mit einem Handtuch trocken. Anna liebte diesen Anblick. Die kurzen, schwarzen Haare, den Bubikopf, den schlanken Hals, die dunklen Augen.

»Du wirst es nicht glauben …«, setzte Suzanne an.

»Magst du einen Tee?«

»Lass mich erzählen …«

»Bist du hungrig?«

»Oh nein, ich krieg jetzt keinen Bissen runter.«

Anna hängte das Schild *Fermé!* an die Ladentür, schloss ab und setzte Teewasser auf. Suzanne hatte am Küchentisch Platz genommen.

Dieses Lächeln, dachte Anna. Und sie trägt das Parfum. Es war ein Wagnis, diese herbfrische Kombination für Suzanne zu schaffen, die ihren Typ so gut unterstrich. Lange hatte sie sich gesträubt, ihren altmodischen Sandelholzduft abzulegen. Meine Kreation wirkt wie eine zweite Haut und hält beinahe den ganzen Tag.

Der Kessel fing an zu pfeifen und Anna schob ihn zur Seite. Unvermittelt erhob sich Suzanne. Anna erschrak, als Suzanne ihr um den Hals fiel.

»Ich bin so glücklich«, rief sie.

Lachend befreite Anna sich aus der impulsiven Umarmung. Sie wollte den warmen Körper der anderen nicht spüren, ihren Duft nicht so deutlich wahrnehmen. Ich kann ihr nicht böse sein, dachte Anna.

»Wer ist es dieses Mal?«, fragte sie gefasst.

»René.«

»Doch nicht der Galerist?«

»Oh ja, genau der. Nie hat er mich beachtet. Nicht mal nach der Ausstellung, die du für mich organisiert hast. Und jetzt, mit einem Mal! Es ist ein Märchen! Es ist anders als sonst.«

Anna dachte an die Vernissage und daran, wie sie Suzanne hatte trösten müssen, als eine Journalistin ihren Stil naiv und antiquiert genannt hatte. Danach kreierte sie ihren Duft, *Pour Suzanne*, und er war ein Meisterstück geworden.

»René und ich werden in sein Haus in Antibes ziehen.«

»Was hast du gesagt?«

»Das Licht im Süden ist unglaublich. Das wussten schon die Impressionisten.«

»Ja, die Impressionisten, die Meister der Illusionen. Je näher man den Bildern kommt, desto mehr lösen sich die Formen in kleine, abstrakte Kleckse auf …«, dozierte Anna wie abwesend.

»Du freust dich ja ungeheuer.«

»Ich freu mich für dich, aber musst du gleich aus Paris wegziehen?«

»Weißt du, was die ersten Worte waren, die er zu mir sagte?« Suzanne lachte.

»In der Regel riecht eine Malerin nach Ölfarbe, doch du duftest wie eine Blume, die Bienen anzieht.«

»Klingt so gar nicht nach René«, antwortete Anna.

»Das hab ich ihm auch gesagt.«

»Du gehörst nach Paris, Suzanne.« Anna erschrak über die Härte in ihrer Stimme. »Hier ist die Szene. Hier ist die Inspiration!«, setzte sie sanft und eindringlich hinzu.

»Oh, Anna. Antibes ist doch nicht aus der Welt. Und natürlich komme ich wieder. Stell dir vor, ein Atelier, so groß wie das ganze Haus hier! Und keine Sorgen mehr, keine Fragen, woher nehme ich morgen das Geld für Farbe, Leinwand … René mag meine Bilder! Genau wie du!«

Da ist dieser Trotz in Suzannes Stimme, den ich besonders liebe, dachte Anna. Jetzt glänzen ihre Augen. Und sie wird gehen und ihr Blick, ihr warmer, schlanker Körper – und ihr Duft.

»Ich hab noch einen alten Bordeaux. Irgendwie ahnte ich, dass es mal was zu feiern geben wird.«

»Fein. Anna, stell dir vor, das Meer. Den ganzen Tag das Meer!«

»Wird dir bald langweilig werden. Santé.« Anna stürzte das erste Glas hinunter und nahm Suzannes erstaunten Blick kaum wahr. Auch für das zweite Glas brauchte sie nicht lange.

»Anna, ich muss noch packen.«

»Du fährst heute schon?«

»Morgen.«

»Na wunderbar. Santé.«

»Ich wollte es dir erst sagen, wenn ich mir sicher bin, was René angeht.«

Sie ist so selbstverständlich geworden, so gelassen in ihrer Art. Ohne mich wäre sie nichts, nichts, was einen renommierten Galeristen wie René anziehen könnte. Diese abermalige Liaison, die kann ich ertragen, aber nicht, dass sie Paris verlässt. Sie hat recht. Es ist anders als früher.

»Anna, ich hab eine Bitte. Könntest du mir einen

Flakon mit *Pour Suzanne* mitgeben? René mag es so gerne.«

»Ich hab nichts mehr da.«

»Du hast doch immer einen Vorrat von jedem deiner Parfums.

»Tut mir leid.«

»Kannst du mir was mischen und nach Antibes schicken? Ich schreibe dir die Adresse auf. Und du musst mich bald besuchen! Du wirst begeistert sein.«

Später brachte Anna ihr einen Pullover und Jeans. Als Suzanne sie umarmen wollte, schob Anna sie sachte weg.

Lange sah sie ihr nach, wie sie über das Pflaster stöckelte, in einem viel zu großen Pullover und einer Jeans, deren Beine umgeschlagen waren. Anna kehrte zurück in den Laden, ins hintere Zimmer. Nahm aus einem Regal eine Flasche Parfum und schüttete den Inhalt in den Ausguss. Den Zettel, der dabei lag, zerriss sie in kleine Fetzen. Ein intensiver Duft durchzog den Raum. Anna öffnete die Tür zum Hof, blickte in den grauen Himmel, aus dem es noch immer tropfte. Tief sog sie den Duft der feuchten Wände und der getränkten Erde ein.

Abschied

Christiane Kleine

»Im Keller stimmt etwas nicht. Es riecht seltsam.«

Helmut schüttelt eine Zigarette aus der Schachtel. »Da ist nichts.«

»Doch«, beharre ich. »Da ist etwas. Etwas mit der Installation vielleicht.«

»Was verstehst du denn schon davon«, sagt er und klemmt die Zigarette zwischen die Lippen. Ich würde mir gerne einbilden, dass er sie nur aus Respekt vor mir nicht anzündet. Aber es liegt wohl eher daran, dass es in unserem Haushalt weder Aschenbecher noch verstreute Feuerzeuge gibt.

»Eine Beziehung, die nicht auf Respekt aufbaut, hat keinen Bestand.« An diese Worte meiner Mutter erinnere ich mich bis heute. Wir saßen in unserem Wohnzimmer, das immer überfüllt wirkte, weil sie sich nicht von den Möbeln trennen mochte, die sie aus dem Krieg gerettet hatte. Ein zarter Geruch von Kampfer lag in der Luft und ein Hauch von Teerosen, die Helmut mit seinem Heiratsantrag überreicht hatte. Einen Strauß für Mama, einen für mich, wie es damals üblich war.

»Er respektiert mich, Mama.« Ich wusste sehr wohl, was sie an Helmut störte. Er war ihr zu sinnlich, wie sie sagte. »Er ist ernsthaft. Er hat nie versucht, mich zu etwas zu überreden …«

»Ein Mann, der seine Frau respektiert, bemüht sich vor allem, sie zu ernähren.« Das war Papa. Irgendwie hatte er es nach dem Krieg geschafft, eine Stelle bei einer Bank zu bekommen und uns damit über Wasser zu halten. Wie sehr er darunter litt, nicht mehr der Junker, der Gutsbesitzer, zu sein, wie viel Stolz er daraus bezog, Mama und mir ein einigermaßen standesgemäßes Leben zu ermöglichen, das habe ich erst Jahre später begriffen. Er wies auf die Rosen. »Das ist schön und gut, aber Parfümeur!? Was soll das für ein Beruf sein?«

»Helmut ist Chemiker, Papa. Es werden jetzt wieder Chemiker gebraucht. Die IG Farben hat ihm eine Stelle angeboten.«

Papas Gesichtszüge glätteten sich. Ich sagte die Wahrheit. Doch ich verschwieg, dass Helmut einen zweiten Brief in der Tasche hatte, der seine Aufnahme in das Institut Supérieur International du Parfum besrätigte.

Paris! Was waren das für Jahre! Wir waren jung, meine Eltern weit fort und die Welt stand uns offen. Wir schlenderten durch die Parks, aßen Brote aus fettigem

Papier, und wenn uns das Geld für das Theater fehlte, war uns das gleich. Wir durchtanzten unsere eigene Welt und niemand kannte sich darin so gut aus wie mein Mann. Er lehrte mich, meine Nase zu gebrauchen. Er brachte heimlich Proben aus der Schule mit und wir berauschten uns an Vanille aus Madagaskar, Geranium aus Kenia, Lavendel aus der Provence. Es machte ihm Spaß, mir etwas beizubringen, wobei uns natürlich klar war, dass er die Nase war und ich bestenfalls ein Amateur. Helmut wusste die unglaublichsten Geschichten zu erzählen. Er entführte mich auf das Meer, wo Männer riesige Wale jagten, und erzählte von jener geheimnisvollen grauen Substanz in ihrem Leib, unscheinbar und so kostbar, dass Menschen einander ermordeten, um in ihren Besitz zu gelangen. Ich lernte die geheimnisvolle Ylang-Ylang Blüte kennen, die nur einmal im Jahr und nur am frühen Morgen geerntet wird und deren Duft unglaublich betörend wirkt. Manchmal nannte er mich so: Ylang-Ylang, und ich kam mir exotisch vor und kostbar. Ich war wie verzaubert in diesen Jahren. Und blind.

»Was spielt das jetzt noch für eine Rolle?« Das hat Helmut mich gestern gefragt. »Du warst doch froh, dass ich die Parfümeurschule verlassen und meine Ausbildung in der Firma von Marceau fortgesetzt habe.«

»Ich war froh, dass wir etwas mehr Geld in der Tasche hatten. Wenn ich geahnt hätte, womit du diese Chance erkaufst, hätte ich nie zugestimmt.«

»Ich hätte noch ganz andere Dinge getan, um die

Stelle zu bekommen. Überlege doch mal: Hätte Marceau mich ausgebildet, wenn er nicht angenommen hätte, einen passenden Mann für seine Tochter eingekauft zu haben? Hätte er mich in seine Familiengeheimnisse eingeweiht?«

»Du hast mich verletzt. Und Antoinette. Du hast nie daran gedacht, wie sie sich gefühlt haben muss, als sie es erfahren hat.«

»Das ist 40 Jahre her. Du wirfst mir Dinge vor, die 40 Jahre her sind.«

»Manche Dinge verjähren nicht.«

Mit einer Handbewegung wischte er alle Anschuldigungen vom Tisch. »Du verstehst das nicht«, sagte er.

Natürlich warf sein Chef ihn damals hinaus, als er entdeckte, dass Helmut längst verheiratet war. Aber da wusste Helmut schon genug, um in einer anderen Firma anzufangen. Und dann in der nächsten. Die Welt der Parfümeure ist eine Familie. Gehörst du einmal dazu, gehörst du dazu, egal, ob man dich mag. Hauptsache, du hast die Nase, und Helmut hatte sie.

Parfümeure sind Primadonnen. Sie sind so genial, dass ihnen die gewöhnlichen Menschen alles verzeihen. Die einen, weil sie ihre Schöpfungskraft bewundern und ihnen deshalb einen Gottesstatus einräumen. Und die anderen? Helmut hat in seinem Leben schon so viele Direktoren, Manager, Arbeiter beleidigt, dass sie einen ganzen Verein gründen könnten. Hassen sie ihn deswegen? Vielleicht. Aber nicht laut. Niemand greift den Schöpfer von Casadora in der Öffentlichkeit an, und sei es nur aus Angst, als kleinlich zu gelten. Geld zu haben, hilft natürlich auch. Alleine der Gewinn aus Casadora könnte unserer Kleinstadt aus den roten Zahlen helfen.

Aber das war es nicht, was mich bei ihm hielt. Ich liebte ihn, einfach weil er Helmut war, mein Mann, weil er mir Veilchenblüten auf das Kopfkissen streute, damit ich gut schlafen konnte, und Jasmin, wenn ihm nach Zärtlichkeit war. Und unter all den Duftstoffen, mit denen er in seinem Labor in Berührung kam und die er nach Hause brachte, fand ich immer noch seinen eigenen Geruch und in den schmiegte ich mich, wenn er mir ein wenig Zeit schenkte, und ich war glücklich. In diesen Momenten kehrten unsere ersten Tage in Paris zurück.

»Wo sind meine Tabletten?«, fragt Helmut und zieht einen Pullover aus dem Schrank. Er hustet.

»Du solltest nicht rauchen«, sage ich. »Du hast so lange ohne gelebt. Ist es nicht unsinnig, jetzt damit anzufangen?«

Er hebt die Schultern und die Frage gleitet an ihm ab. »Du hast mir nie etwas gegönnt. Also, wo sind die Tabletten?«

Es gab ein paar Regeln in unserer Ehe, die nie gebrochen wurden. Helmut tat nichts, was seinem Geruchssinn schaden konnte, und ich tat alles, um ihn zu unterstützen.

Ich zeige auf die Tür. »Sie sind im Bad«, sage ich. »Wie immer.«

Ich weiß, er wird die Tabletten im nächsten Augenblick vergessen. Helmut ist groß darin zu vergessen, was ihm nicht schmeckt. Mir fällt das schwerer. Nach seiner ersten Affäre habe ich getobt, nach der zweiten geweint und nach der dritten gepackt. Nach zwei Tagen war ich wieder bei ihm. »Eine Frau gehört zu ihrem Mann«, hatte meine Mutter gesagt, als ich mit meinen Koffern bei ihr auftauchte. »Immerhin ist er diskret. Du willst dich doch nicht etwa mit einer Scheidung blamieren?« Sie meinte natürlich *uns*.

Mein Vater war derselben Meinung. »Du bist gut versorgt«, meinte er. »Was willst du mehr?«

Natürlich hatte er recht. Helmut war viel zu bequem, um eine seiner Liebschaften zu einer dauerhaften Angelegenheit zu machen. Also blieb ich und lernte, die fremden Düfte auf seiner Haut zu ertragen, bis sie verblassten wie die Pariser Momente und der Helmut-Geruch wieder die Oberhand gewann.

Helmut wirft eine frisch gebügelte Hose in den Koffer. Sie schlägt Falten dabei und ich muss mich zusammenreißen, um nicht aufzuspringen und sie glatt zu streichen. Ich kann einfach nicht sehen, wenn etwas, worum ich mich gekümmert habe, schlecht behandelt wird.

»Du nimmst alles zu ernst«, sagt Helmut. »Nimm das Leben leichter. Manchmal muss man Ballast abwerfen.«

Nun, das hat er schon immer besser gekonnt als ich. Wenn er eine Frau wegschickte, hinterließ sie bei ihm nicht mehr Spuren als ein Spritzer Veilchenessenz. Ein paar Stunden und sie war vergessen, als hätte es sie nie gegeben. Er nahm alles leicht. Geld? Das war da, und wenn es knapp wurde, weil die Inspirationen nicht mit den Investitionen Schritt hielten, dann hatte ich sicher für geheime Reserven gesorgt. Wenn das Finanzamt zu viele Fragen stellte, besorgte ich einen guten Berater. Ich selbst verstand ja leider nichts davon. Als sich die ersten Anzeichen einer Krankheit zeigten, nahm er auch das leicht. Er war nie krank gewesen. Was sollte ihm eine Sommergrippe anhaben? Natürlich litt er schrecklich, aber zum Arzt gehen wollte er nicht. Als er trotzdem schnell wieder gesund wurde, schien ihm das zu bestätigen, dass Ärzte ein überflüssiger Berufsstand waren. Dann kam die nächste Grippe und kurz danach geriet er auf einer Reise in einen Bahnstreik. Als er mit Stunden Verspätung sein Ziel erreichte, nieste er schon wieder. Kleine Bausteine, deren Bedeutung wir erst später erkannten. Die ersten Gerüchte verbreiteten sich. »Helmut Bauer hat seinen Instinkt verloren«, wisperte man. »Seine Zeit ist vorbei«, hörte ich sie tuscheln. Nicht, dass es mir wichtig gewesen wäre. Helmut wurde 60, er hatte alles erreicht, was er sich erträumt hatte, warum sollten wir jetzt nicht einfach ein paar Jahre leben? Was mich störte, war die Heuchelei. Die Dreistigkeit, mit der sie ihm schmeichelten und gleichzeitig nach neuen Talenten suchten, nach jungen, wilden Duftdesignern,

die unbekümmert mit Schokoladen- und Karamell-
noten experimentierten, die Essenzen verwandten, die
Frauen nicht mehr nach Rosen und Maiglöckchen duften ließen, sondern nach Zimt und Vanille.

Helmut meinte, ich hätte keine Ahnung.

»Du bildest dir etwas ein«, sagte er. »Warum sollte
ich zum Arzt? Es ist alles in Ordnung.«

Vielleicht hatte er ja recht. Vielleicht hätte ihm ein
Arzt ja wirklich nicht mehr helfen können. Vielleicht
ahnte Helmut es oder wusste sogar schon, was die vielen
Erkältungen hintereinander in seinem Gehirn anrich-
teten. Er arbeitete mehr, fieberhafter, verkrampfter, als
wollte er der Welt beweisen, dass er noch immer der
Größte war. Und auch das Karussell seiner Freundinnen
drehte sich schneller und schneller, bis es bei einer plötzlich zum Stillstand kam.

Während Helmut die letzten Dinge in seinen Koffer
wirft, hole ich meine Stiefel. Er fragt nicht einmal, warum ich ausgerechnet jetzt Lust auf einen Spaziergang
verspüre. Aber soll ich zusehen, wie meine Welt end-
gültig zerbricht? Eigentlich ist er gar nicht mehr hier.
In Gedanken ist er längst bei seiner neuesten Flamme.
Ich schlüpfe in meinen Mantel. In der Tasche fühle ich
etwas Kleines, Hartes. Ein Feuerzeug.

»Da«, sagc ich und lege es ihm auf den Tisch. »Aber
es wäre wirklich besser, du zündest dir keine Zigarette an.« So viele Jahre habe ich auf Helmut aufgepasst,
habe ihn umsorgt, seine Launen und Befindlichkeiten

ertragen und sein Genie gehätschelt. Ich kann es einfach nicht lassen.

Helmut greift nach dem Feuerzeug.

»Ich hole jetzt einen Handwerker«, sage ich. »Du gehst also jetzt?«

Er hat mir offenbar nicht zugehört. »Ich hole noch ein, zwei Dinge aus dem Keller. Dann bin ich weg«, sagt er. Er beugt seinen Kopf, während er die Zigarette entzündet. Sein Haar ist dünn geworden. Eine Welle der Rührung erfasst mich.

»Ich habe dir gesagt, da riecht es seltsam.«

Die Zigarette tanzt in der nahenden Dämmerung. »Und ich habe dir gesagt, das ist Unsinn. Ich bin die Nase, nicht du. Da ist nichts.«

Diesmal antworte ich nicht mehr. Er hat recht. Er ist die Nase. Ich werde nie, nie in meinem Leben pazifische Vanille von ihrer Schwester aus Guadeloupe unterscheiden können.

Aber ich weiß sehr genau, wie eine defekte Gasleitung riecht.

Ich gehe und ziehe die Tür hinter mir zu.

Victimo

Michael Zeidler

Auf dem Tisch in Ambers Wohnzimmer lag der Enquirer. *Frauenmörder an der Interstate 80* lautete die Schlagzeile. Die Mitglieder des Feine-Nasen-Clubs, Amber, Becky, Joyce und Marleen, standen um den Tisch herum und sprachen über die Verbrechen.

»Nun bleibt mal ganz ruhig!«, sagte Becky und schaute ihre Freundinnen an. »Cleveland ist nicht Toledo.«

Amber hob warnend ihren Finger. »Der arbeitet die ganze Interstate 80 ab, von Osten nach Westen. Erst die drei in Teaneck, New Jersey. Danach zwei in Youngstown und sogar vier in Cleveland. Toledo ist die nächste Stadt auf der Karte.«

Joyce schüttelte die Mähne und starrte ängstlich auf die Zeitung. »Das waren immer Freundinnen, wie wir«, flüsterte sie. »Wie der die zugerichtet hat! Eine nach der anderen. Die letzte hatte zwei Söhne, genau wie ich.«

Marleen biss sich auf die Lippe und sagte keinen Mucks.

»Mädels, nun reißt euch zusammen! Wenn sich ein verrückter Mörder an uns heranmacht, blase ich dem eins-zwei-drei die Lichter aus.«

»Becky hat einen schwarzen Gürtel«, erklärte Joyce. »Karate.«

Marleen schaute Becky bewundernd an.

Amber klatschte in die Hände und rief: »Mädels, Becky hat recht! Wir sind nicht hier, um uns von der Boulevardpresse das Parfumvergnügen vermiesen zu lassen. Irre gibt es wie Sand am Meer, da soll uns der eine nicht den Abend verderben.«

Joyce schob die Zeitung beiseite. »Wer ist heute an der Reihe?«, fragte sie und zog damit einen Schlussstrich unter die Geschichte vom Frauenmörder an der I-80.

Becky förderte eine kleine, mit einer Schleife verschlossene Schachtel aus ihrer Handtasche zutage. »Hier, Amber, du bist die Älteste, dir gebührt die Ehre.«

Amber strahlte. »Wenigstens einen Vorteil bringen mir die grauen Haare.« Sie löste die Schleife und holte einen viereckigen Flakon aus der Schachtel. Sein Hals war verdreht wie eine Schraube, und der Stopfen erinnerte an eine Kirsche. »Seducir«, las Amber und schaute Becky fragend an.

»Das ist Spanisch und bedeutet so viel wie Verführung oder verführen, glaube ich«, warf Marleen ein.

Amber tupfte den Stopfen innen auf ihr Handgelenk, wartete einige Augenblicke und atmete tief ein. »Blumig wie eine ganze Frühlingswiese. Oder nein, wie Flieder, wenn er blüht. Und ein Hauch von Sommerwind, der vom Lake Erie herüberweht, tangig, aber frisch.«

Joyce strahlte. »Wie du das immer rüberbringst! Lass mich mal!« Sie nahm den Flakon und ließ einen Tropfen auf ihren Handballen fallen. Nun rieb sie die Hände aneinander, blies über die feuchten Stellen und versenkte sich in den Duft. »Süß. Ganz und gar keine Blume, sondern eher eine fruchtige Soße. Apfel. Genau, Apfelmus. Dahinter ein Hauch von Leder, würde ich sagen. Wie in einem Sportwagen, einem in die Jahre gekommenen Sportwagen. Riecht nach bleibendem Erfolg.« Sie reichte den Flakon an Marleen weiter.

Die tupfte sich etwas auf den Unterarm, schnupperte daran und schaute ratlos in die Runde. »Ich weiß nicht, wie ihr auf so blumige Beschreibungen kommt«, sagte sie. »Für mich riecht das einfach nur lieblich und gut.«

»Was empfindest du bei dem Duft? Zu welcher Gelegenheit würdest du ihn auftragen?«

Marleen dachte kurz nach und sagte schließlich: »Er macht mich begehrenswert. Um auf Männerfang zu gehen, wäre das Parfum wohl eine gute Wahl.«

Becky nickte aufmunternd. »Gute Beschreibung. Vielleicht sollte es lieber Víctimo heißen, denn immerhin zieht es Raubtiere an.«

Amber lachte. »Fragt sich bloß, wer die víctimos sind, die Kerle oder wir?«

»Ich würde gern mal wieder einem Tiger zum Opfer fallen. Ist schon zu lange her … « Marleen seufzte.

»Nun du, Becky«, rief Amber. »Du brauchst es nicht einmal aufzutragen, um es zu beschreiben, stimmt's?«

»Pass auf, Becky ist einfach unheimlich«, raunte Joyce Marleen zu, allerdings so laut, dass die anderen es hören mussten.

Becky lehnte sich in ihrem Stuhl zurück und musterte die Frauen. »Es ist ein aufregender Duft, wesentlich interessanter als alles andere, was wir bislang so hatten. Der hier verändert euer Farbbild nicht im Spektrum, sondern in der Intensität.«

Als Marleen die Stirn runzelte und verständnislos dreinblickte, erklärte Becky: »Die anderen Parfums haben Ambers Purpur in ein leichtes Rosa verwandelt oder auch mal in ein Blau, wogegen Joyce mir meistens in Erdtönen erschien, wenn sie einen Duft aufgetragen hatte. Seducir wirkt zunächst farblos, doch wenn es sich mit eurer Haut verbindet, beginnt es zu strahlen. Es erhält die Wellenlängen, die ihr verströmt, und verstärkt sie. Wo Amber normalerweise schimmert wie ein Stiefmütterchen, das seit Tagen im Schaufenster einer Gärtnerei vor sich hin staubt, schaut sie nun wie dasselbe Blümchen aus, nur dass eben jemand einmal kräftig drübergeblasen hat. Die Unreinheiten sind noch da, aber nicht mehr so ausgeprägt.«

Marleen schaute Becky verwirrt an.

»Seducir bringt also das Gute in uns hervor!«, rief Amber und lachte.

»Verstärkt es«, warf Joyce ein. »Na, da sollen die Männer sich mal vorsehen!«

»Ich verstehe kein Wort«, jammerte Marleen.

»Becky kann nicht riechen«, erklärte Amber.

»Aber Gerüche sehen«, fügte Joyce hinzu.

»Gerüche sehen?«, fragte Marleen unsicher.

»Mein Kinderarzt hat es damals so erklärt«, begann Becky: »Als die klitzekleinen Arbeiter in Mamis Bauch die Kabel in meinem Gehirn angeschlossen haben, ist ihnen ein Fehler unterlaufen, und eins wurde falsch verbunden. Der Riechnerv ist ans Sehzentrum angeschlossen worden, deshalb sehe ich Gerüche.«

Marleen schaute immer noch ratlos drein.

»Im Grunde ist es ein klitzekleiner Fehler, wenn man bedenkt, dass wir etwa zehn Milliarden Nervenzellen im Gehirn haben und jede einzelne davon 10000 Verbindungen mit ihren Nachbarn eingeht. Jeder Sehnerv hat eine Million Nervenzellen. Also sind weniger als ein Hundertstel eines Prozents bei mir falsch verkabelt.«

»Wenn du riechst, siehst du Farben?«, fragte Marleen.

Becky nickte.

»Dann kannst du ja im Finstern sehen«, rief Marleen.

Becky nickte.

»Amber schimmert violett?«

»Ihr alle leuchtet lila. Amber wie ein Stiefmütterchen im Schatten, Joyce meistens wie violette Wasserfarbe, aber verschmutzt, als hätte jemand einen Aschenbecher reingekippt. Deine Aura überstrahlt die anderen an Reinheit; blühender Phlox im Frühling, so in etwa erscheinst du mir.«

»Schimmern alle Menschen violett?«, fragte Marleen beeindruckt.

Becky schüttelte den Kopf. »Sie schimmern in den verschiedensten Farben.«

»Was für ein Zufall, dass wir alle lila sind«, warf Joyce ein.

Kein Zufall, dachte Becky. Schließlich war sie es gewesen, die diese Gruppe zusammengebracht hatte. Außer Marleen, die war über Joyce gekommen, ein echter Glücksgriff.

Farben bestimmten Beckys Leben, nach Farben sehnte sie sich wie ein Junkie nach seinen Drogen. Und wie ein Junkie brauchte sie mehr, reineren Stoff, um das innere Sehnen zu befriedigen. Früher hatte sie sich am bunten Leuchten von Wiesen erfreut, an der prallen Farbenvielfalt des Wochenmarktes oder der Leute in der U-Bahn. Aber mit der Zeit verblassten die Malkästen der Natur, bleichten aus wie Fotos in der Sonne. Das Sehnen jedoch blieb, und mit ihm eine große Unruhe. Nach dem Kolorit des Schöpfers dürstete es sie, nach der Essenz des Gelbs, der Seele des Grüns, dem Kern des Rots. Doch darüber thronte das Violett. Es brachte ihr Blut in Wallung, ließ sie vor Freude jauchzen, wenn es klar und unverfälscht in ihre Nase drang.

Nur deswegen gab sie sich mit diesen Langweilern ab; sie leuchteten lila oder fliederblau. Und nur aus einem Grund hatte sie den Parfumklub gegründet: Menschen brachten die intensivsten Farbtöne hervor, lösten die heftigsten Reaktionen in ihr aus. Wirklich reine Düfte aber gab es nicht, selbst Amber mit dem intensivsten Purpur überhaupt wirkte verunreinigt. Ihre Schimmer ließ das Paradies erahnen, verhieß das Allerheiligste und enttäuschte am Ende dennoch. Immerhin strahlte Amber im reinsten Purpur, das Becky je begegnet war.

Vielleicht konnte sie den verdreckten Schimmer reinigen, vielleicht verstärken, und womit sollte das besser gehen als mit einem Parfum? Für dieses Ziel ertrug sie sogar Ambers Geplapper, Joyces ängstliches Gekicher und Marleens dummen Blick.

Becky hatte den Frauen nicht die ganze Wahrheit erzählt. Die Arbeiter in Mamas Bauch hatten nicht nur ein Kabel falsch verlegt, sondern zwei. Becky fehlte die Gabe der Empathie. Freuden und Leiden anderer Menschen scherten sie nicht. Ob Amber vom Blitz erschlagen würde oder nicht, war ihr egal. Sie wusste, dass das nicht normal war, dass es üblich war, sich mit anderen Menschen zu umgeben, mit ihnen zu fühlen und seinen Freunden Gutes zu tun. Becky hatte lange versucht, sich einzugliedern und sich wie die anderen zu verhalten, doch es hatte nie wirklich funktioniert. Nun ließ sie die Menschen Menschen sein und kümmerte sich nur noch um ihre Farben.

Seducir hieß es, das erste vielversprechende Parfum, das Ambers schmutziges Purpur aufreinigte und dabei nicht verfälschte.

Es gab noch Hoffnung.

»Bringst du mich wieder nach Hause?«, fragte Joyce, als die Herznote verflogen, zwei Weinflaschen geleert

waren und der kleine Zeiger schon auf die Zwölf zu-
kroch. »Du weißt, der Parkplatz …«

»Sicher«, antwortete Becky und sie verabschiedeten
sich von den anderen.

Rund 200 Schritt trennten den Parkplatz von Joyces
Apartment, 200 Schritt durch eine dunkle Gasse. Es war
die sicherste Gegend von Toledo, doch Joyce klammerte
sich an Beckys Arm, als ginge es zu ihrer Hinrichtung.

Das Klacken ihrer Absätze hallte von den Häusern
wider, in der Ferne kreischte eine Katze.

»Weißt du, hier in der Dunkelheit hat diese Geschichte von dem Interstate-Mörder einen ganz anderen
Klang«, flüsterte Joyce.

»Unsinn!« Becky nahm einen gelben Dunst wahr,
versteckt in einem Hintereingang. Kein Grund, Joyce
zu beunruhigen, dachte sie. Wahrscheinlich gönnte sich
da einfach jemand eine Zigarette.

Nein, das waren zwei, eine gelbe und eine orangefar-
bene Wolke. Ein Liebespaar?

Noch ein paar Schritte.

Da sprangen zwei Kerle hervor, beide mit einem
Messer in der Hand. »Keinen Mucks, Ladies, dann ge-
schieht euch nichts!«, zischte einer.

Joyce fing an zu schreien.

»Halt die Schnauze!«, rief der rechte und sprang auf
sie zu.

Panisch stolperte Joyce zurück. Sie fiel. Der Angreifer beugte sich über sie und packte sie an der Kehle.

Joyce gleißte im reinsten Violett. Es strahlte in der Dunkelheit, peitschte Becky das Blut heiß durch die Adern, berauschte sie, füllte sie zum Bersten mit Kraft, Wonne, Lust. Energie drang machtvoll von innen gegen ihre Brust, explodierte erst in ihrem Schädel, dann in ihren Fäusten. In brutalen Handkantenschlägen brach sie hervor. Die folgenden Augenblicke nahm Becky nur wie durch einen violetten Schleier wahr, ihre Arme, Beine, Fäuste schienen nicht ihr zu gehören.

Als ihre Sicht sich schließlich wieder klärte, krümmte Joyce sich wimmernd am Boden. Neben ihr lagen mit gebrochenem Genick die beiden Kerle.

»Wo Joyce nur bleibt?«, fragte Amber und schaute auf die Uhr. »Alle zwei Wochen, um Punkt acht! Sonst ist sie immer auf die Minute genau da. Es ist schon fast neun. Sie wohnt doch gar nicht so weit weg von dir, oder?«

Marleen schüttelte den Kopf. »15 Minuten zu Fuß, fünf mit dem Auto.«

»Wir können ja schon mal anfangen«, schlug Becky vor und stellte einen Flakon in der Form einer sitzenden Katze auf den Tisch. »Heißt Chatte und ist nur für heiße Miezen!«

»Ob der Interstate-Mörder sie geschnappt hat?«, fragte Amber.

Die Freundinnen schwiegen.

»Ich kann ja mal anrufen«, sagte Becky, zog ihr Handy hervor und wählte.

»Geht niemand ran.«

»Ihr macht mich ganz wuschig«, sagte Marleen. »Vielleicht ist sie einfach nur krank und schläft?«

»Und hört deswegen das Handy nicht«, vollendete Becky den Gedanken.

»Oder sie hat Seducir aufgelegt und jemanden kennengelernt«, warf Amber ein und fügte nach kurzem Schweigen hinzu: »Eine wirkliche Raubkatze!«

»Hör endlich auf«, rief Marleen verärgert und öffnete den Flakon. »Hmmm, eine Note von altem Mahagoni, aber auch etwas Moschus und ein Hauch Vanille.«

»Chatte lässt dich in verwaschenem Gelb erscheinen«, beschrieb Becky.

Amber stand auf: »Tut mir leid, ich kann heute nicht mitmachen. Das ist mir zu unheimlich mit dem Killer da draußen und Joyce nicht bei uns. Ich gehe heim und schließe mich ein.«

»Und wir?«, fragte Becky, nachdem die Tür hinter Amber ins Schloss gefallen war. »Testen wir noch einen Flakon?«

»Warum nicht?«, antwortete Marleen. Sie öffnete ein Fläschchen, das aussah wie ein auf der Spitze stehendes Ei, tupfte sich etwas von dem Inhalt auf den Puls, ließ ein paar Atemzüge vergehen und schnupperte. »Birke im Frühling, gemischt mit einem Touch Nektarine und einer zimtigen Nuance.« Marleen strahlte Becky an.

»Hast du bei Amber abgeschrieben?«, fragte Becky. »Du redest heute sehr blumig.«

»Nein, das habe ich im Prospekt gelesen.« Marleen

lächelte. »Ich finde, das riecht nach Würde. So etwas trägt man zu einer Testamentseröffnung auf oder zu einer Beerdigung. Was meinst du?«

»Fahles Braun.«

»Becky, sie haben Joyce gefunden!«, schrie Amber ins Telefon. »Kam gerade in den Nachrichten, hast du's gehört?«

»Wie bitte?«

»Joyce, der Killer hat Joyce erwischt! Nun wird er sich uns holen, eine nach der anderen!«

»Bleib ruhig! Ich bin auf dem Weg. Ruf Marleen an. Wir treffen uns bei dir.«

Becky legte auf und hastete zum Auto.

Eine halbe Stunde später schellte sie bei Amber.

Die öffnete mit verheulten Augen.

»Joyce, unsere Joyce! Sie hat doch niemandem etwas getan. Warum?« Schluchzend warf Amber sich in Beckys Arme.

»Ist Marleen auf dem Weg?«

»Sie hat nicht abgenommen! Marleen hat nicht abgenommen!«, schrie Amber. »Genau wie bei Joyce! Er hat Joyce ermordet und Marleen auch, und nun sind wir dran!«

Becky umarmte Amber.

»Ruhig, ganz ruhig. Niemand wird uns ermorden! Der Kerl muss erst noch geboren werden, der Hand an mich legt. Wir packen jetzt deinen Koffer und du ziehst für ein paar Tage zu mir.«

Becky öffnete Seducir und benetzte sich die Handgelenke. Heute Abend wollte sie gerne Opfer sein und eine Raubkatze anlocken. Sie brauchte frisches Violett!

Die Bar war gut besucht, der DJ annehmbar, die Drinks raffiniert und Räuber gab es eine Menge. Sie bestellte sich einen Gin Tonic. Es dauerte kaum länger als eine Viertelstunde, da stand ein zweiter Drink vor ihr und auf dem Barhocker neben ihr warf sich ein brünstiger Tiger in Pose.

Dunkelblau!

Becky drehte sich von ihm weg. Sie erspähte einige Löwen in Blassrosa, andere in verschmutztem Veilchenblau. An Ambers Purpur kam keiner ran.

Da! Ein Traum in Lila schlenderte durch die Bar, einsam, auf der Suche. Sie hob das Knie ein wenig, legte den Kopf in seine Richtung und schnippte mit dem Finger sachte an ihr Glas.

Der Löwe setzte sich zu ihr. Er hob Zeigefinger und Mittelfinger zum Barkeeper hin und deutete dann auf Becky und sich.

»Eine bezaubernde Fee allein am Tresen?«

»Interessanter Akzent!« Sie ignorierte seine Anmache und lächelte. »New York?«

»Beinahe. Teaneck, New Jersey.«

»Wo die Interstate 80 beginnt«, beendete Becky den Satz.

Er nickte. »Mehr Ruhm ist uns leider nicht vergönnt. Gestatten: Roger.«

»Becky.«

»Rebecca?«

»So ist es.«

Er schmunzelte. »Sehr erfreut, deine Bekanntschaft zu machen, Rebecca aus Toledo.«

»Gut geraten? Oder gut recherchiert?«

Roger lachte. »Was für eine erfrischende Unterhaltung! Mein Horoskop hat mich vor dir gewarnt.«

Die Drinks gingen wunderbarerweise nie zur Neige, die Musik gewann erst an Tempo, dann an Gefühl. Schließlich tanzten sie eng umschlungen. Da gingen die Lichter an, die Party war zu Ende, zumindest in der Bar.

»Verdammte Sperrstunde«, fluchte Roger.

»Ein Glück! So bleibt uns wenigstens noch etwas von der Nacht«, antwortete sie.

Er zog sie noch enger an sich.

»Zu mir oder zu dir?«, hauchte sie.

»Ich wohne in einem billigen Motel am Highway. Da hat die Firma mich einquartiert.«

»Dann lass dir mal zeigen, wie ein Einfamilienhaus in Ohio eingerichtet ist. Es liegt zwar etwas abseits, aber dafür sind wir dort ungestört.«

Arm in Arm gelangten sie zu Beckys Haus. Sie gab ihm den Schlüssel. »Öffne du!«

Die Tür sprang auf und gab den Blick aufs Wohnzimmer frei. Inmitten des Raumes stand ein mannshoher Käfig und darinnen wimmerte die geknebelte Amber. »Was zum Teufel …?«, fluchte Roger, da schlug Becky ihm die Handkante ins Genick. Sie sperrte den bewusstlosen Löwen in einen zweiten Käfig, von dem aus er alles würde beobachten können. Klebeband über dem Mund, die Handgelenke angekettet, so gezähmt gefiel ihr die Raubkatze.

Nun holte sie eine Sprühflasche Seducir aus dem Badezimmer und näherte sich damit Amber, die jeden ihrer Schritte mit furchtsamem Blick verfolgte.

Amber weinte.

Amber wand sich.

Becky zeigte auf Roger. »Der wird deinen Platz einnehmen, wenn es dir heute zu viel wird, mein Engel. Strahlt ebenso schön wie du.« Sie besprühte ihre Freundin mit dem Parfum, setzte sich auf die Couch und wartete. Noch leuchtete Amber schmutzig purpurfarben, aber das würde sich bald ändern. Es verging eine ganze Weile. Als es so weit war, leerte Becky eine Karaffe Eiswasser über Roger aus. Der riss an seinen Ketten, versuchte vergeblich zu schreien und ergab sich schließlich in sein Schicksal.

Becky holte ein Messer aus der Küche und schritt langsam auf Amber zu, deren Augen sich vor Panik weiteten.

»Der Parfumklub war doch eine gute Idee. Weißt du, es ist weder Kopf- noch Herznote, sondern die Basisnote, die Seducir seine säubernde Macht verleiht. Na, in deinem Fall sollte es wohl wirklich besser Víctimo heißen.« Sie ritzte Ambers Haut mit der Messerspitze. »Allein ist die Basisnote allerdings nicht reinigend genug, sie muss sich erst mit Schweiß verbinden, um sich voll entfalten zu können.« Sie hob das Messer an Ambers Auge. »Angstschweiß!«

Amber zerrte an ihren Ketten und jammerte in den Knebel.

»Schweiß der Todesangst!«

Becky riss das Klebeband von Ambers Lippen.

Amber schrie sich die Eingeweide aus dem Leib. Ihre Farbaura explodierte in reinstem Purpur, das alles im Raum überstrahlte und Beckys Blut in Lava zu verwandeln schien. Becky jauchzte vor Wonne im Drogentanz, das Messer malte blutige Muster, Amber brüllte und brüllte und leuchtete und strahlte …

quinta essentia ...
... worauf es ankommt

»Das, worauf es im Leben ankommt, können wir nicht vorausberechnen. Die schönste Freude erlebt man immer da, wo man sie am wenigsten erwartet hat.«

Antoine de Saint-Exupéry, 1900-1944,
aus: Wind, Sand und Sterne

Petit Souvenir

Gaby Cadera

»Immer, wenn du dich einsam fühlst, trage ein paar
Tropfen auf und ich bin bei dir.« Großmutter legte eine
Kette mit einem kleinen violetten Flakon um Sofies
Hals. »Meine Zeit ist gekommen.«

»Ach, Grand-maman, sag das nicht schon wieder.
Außerdem brauche ich dich noch.«

Die alte Frau streichelte ihr die Wange und lächelte.
»Nein, ich weiß es.«

Mit einer Umarmung verabschiedete sich Sofie, betrachtete das von Falten durchfurchte Gesicht und küsste es. »Bis morgen!«

Sie verließ das Altenheim. Wenn sie wiederkäme,
würde Grand-maman das Gleiche erzählen wie seit Wochen und Monaten schon.

Noch vor dem Wecker klingelte das Telefon und Sofie
tastete nach dem Handy auf ihrem Nachtschränkchen.
»Hallo?« Ein weiteres Wort brachte sie nicht hervor,

hörte nur zu. Sie knipste die Nachttischlampe an, vor ihren Blick legte sich ein Schleier. Dann entglitt ihr das Telefon – ihr Herz war leer. Sie verbarg ihr Gesicht in den Händen und weinte. Sofie griff nach dem Parfumfläschchen, das ihr die Großmutter am Tag zuvor geschenkt hatte, und umklammerte es. Sie rollte sich auf die Seite, drückte ihr Gesicht ins Kopfkissen und schloss die Augen. Spürte ein Streicheln auf ihrer Wange, einen Hauch an ihrem Ohr wie ein Flüstern. Als sie wieder aufwachte, war sie in einen feinen Veilchenduft eingehüllt – es roch nach Geborgenheit, Wärme und Nähe. Nach Grand-maman.

Kritisch begutachtete sich Sofie im Spiegel. Sie zupfte die Haare zurecht und fixierte sie mit Haarspray, zog den Eyeliner nach und tuschte kräftig die Wimpern. Ohne den Blick von ihrem Gegenüber abzuwenden, nahm sie das tiefblaue Fläschchen, das am Spiegel hing, öffnete es vorsichtig und trug ein wenig von dem Duftwasser am Handgelenk auf. Sofie atmete einmal tief ein und aus. Inzwischen konnte sie Zwiesprache mit ihrer Großmutter halten, ohne dass Tränen sich ihren Weg nach oben bahnten. »Heute musst du mir beistehen! Diese Präsentation … wie ich mich kenne, pocht mir das Herz bis zum Hals.« Dann wählte sie einen dunklen Lippenstift, der ihre ebenmäßigen Zähne betonte. Plötzlich stutzte Sofie und untersuchte das Fläschchen. War es nicht eben noch violett gewesen? Sie drehte es im Licht. Vielleicht war es ja aus dem gleichen Material wie diese Stimmungsringe. Je nach Temperatur verändert sich deren Farbe. Sorgfältig hängte sie das Fläschchen wieder zurück. Noch einmal schaute sie sich an, blickte in ihre Augen. Du schaffst das schon!

Sie schlüpfte in ein blaues Kostüm und in ebenso dunkle Pumps. Hastig schlürfte sie eine Tasse Kaffee, und bevor sie mit dem Laptop unterm Arm die Wohnung verließ, drückte sie Zeige- und Mittelfinger auf ihre geschürzten Lippen und ihrer Grand-maman auf das Foto, das auf der Kommode stand. Es war zu einem Ritual geworden.

Als Sofie am Nachmittag nach Hause kam, legte sie die Schlüssel neben das Foto. »Es ist fantastisch gelaufen. Der Prokurist der Firma schien angetan.« Sofie streifte die Schuhe ab. »Und soll ich dir etwas verraten? Er hat mich zum Essen eingeladen.« Sie drückte das Bild ihrer Grand-maman an sich. »Ich glaube, ich bin ein kleines bisschen verliebt. Er sieht auch noch gut aus! Groß und nicht zu schlank, leicht gebräunte Haut … und stell dir vor, er hat lange Haare …« Sie stellte das Bild zurück und ging ins Bad. Sofort wurde Sofies Blick magisch von dem Flakon angezogen. Wieso war der jetzt rubinrot? Sie tupfte sich ein wenig Parfum auf die Haut. »Grand-maman, was ist das nur für ein Fläschchen, das du mir zum Abschied geschenkt hast? Wenn ich das richtig deute, steht Rot für die Liebe …«

Beschwingt band sich Sofie die Haare zu einem Zopf und zog sich etwas Legeres an. Auch wenn ihr Kostüme ausgezeichnet standen, fühlte sie sich in Jeans und Pullover wesentlich wohler.

Sie griff nach ihrem Schlüssel, schenkte ihrer Grandmaman einen Kuss und verließ das Haus.

Sofie knallte die Tür hinter sich zu, die Schlüssel ließ sie geräuschvoll auf die Kommode fallen. »So ein Chauvinist!« Sie löste den Zopf. »Was bildet der sich eigentlich ein?« Sofie wusch sich das Gesicht, das kühlte.

Wieder fiel ihr Blick auf den Flakon am Spiegel. Tiefrot prangte er dort, als würde er glühen. Vorsichtig berührte sie ihn, als könnte sie sich die Finger verbrennen. Sie untersuchte ihn, fand jedoch nirgends eine Aufschrift, noch nicht einmal eine Milliliterangabe.

Entschlossen nahm sie das Fläschchen mit an den Schreibtisch und fuhr ihren Laptop hoch. Doch ein ähnliches Parfumfläschchen mit zartem Veilchenduft konnte sie weder bei Douglas noch der großen Stadtparfümerie ausmachen. Selbst das große Auktionshaus ebay brachte kein Ergebnis. Wie sollte sie auch ein namenloses Parfum finden? Google konnte eigentlich immer weiterhelfen! Parfum das Farbe ändert. Ein Link führte sie zu ebay, wo sie Samen für einen Parfumbaum bestellen konnte, dessen Blüten ihre Farben wechselten. Wurde Grand-mamans Parfum aus diesen Blüten hergestellt? Sofies Finger flogen über die Tastatur. Sie folgte einem anderen Link. Farben sind Energie mit Wirkung auf Leib und Seele, die Macht der Farben ist gewaltig, las sie. Kennen Sie Ihre Farben? Lernen Sie sie kennen!

Sie kannte ihre Farbe – Blau! Blau war eindeutig ihre Farbe.

Farben … Grün war die Hoffnung, Gelb der Neid, Rot die Liebe und Blau? Wieder tippte sie. Doch Farben ließen sich nicht lediglich mit einem Begriff umschreiben. Blau repräsentiere Ruhe. Sofie las sich durch Bedeutungen und Anwendungsbereiche. Tiefes Rot stehe für Wut, Anspannung und Zorn, Violett sei eine mystische Farbe …

Auch wenn sie ihre Freundin Birte, eine ehemalige Waldorfschülerin, mit ihrem Farbsinn und den Bedeutungen, die sie hineinlegte, immer belächelte, ließ sie das Thema nicht los.

Es klingelte. Sofie strich sich die Haare glatt, ging zur Tür und öffnete sie einen Spaltbreit. »Ja, bitte?«

Vor ihr stand mit blonder Wuschelfrisur ein junger Mann in Jeans und Schlabber-T-Shirt, der verlegen dreinschaute.

Er räusperte sich. »Entschuldigen Sie die späte Störung. Es hört sich vielleicht etwas blöd an …«

»Ja?«

»… aber hätten Sie ein Ei für mich?«

Sofie musste ein Lachen unterdrücken.

»Ich wollte Frikadellen machen.«

»Ich liebe Frikadellen!«

»Hatte schon alle Zutaten in der Schüssel und ohne …«

»… ohne das Ei wird das natürlich nichts.« Grinsend verschwand sie in der Küche, kehrte zurück und drückte ihm ein Sechserpack in die Hand. »Betrachten Sie es als Brot und Salz, mit dem man neue Nachbarn begrüßt.«

Sofie schloss schmunzelnd die Tür. Sie widmete sich wieder ihrem Laptop. Aus dem Augenwinkel drängte sich das Parfumfläschchen mit hellroter Farbe in ihr Bewusstsein.

Sie wollte gerade zum Hörer greifen und Birte zu den Farben befragen, da schellte es abermals an der Tür.

»Ja?«

Da stand er schon wieder. Mit dampfenden Frikadellen auf einem Teller in der Hand. »Ich hatte mich eben gar nicht vorgestellt. Simon …«

»Simon Winterhagen«, unterbrach sie ihn.

»Sie sagten, Sie lieben Frikadellen …«

»Ehrlich gesagt dürfte man keinem erzählen, wie wir uns kennengelernt haben!« Sofie kicherte. »Hätten Sie ein Ei für mich?«

Birte befestigte den Brautschleier im Haar ihrer Freundin, trat einen Schritt zurück. »Das Kleid ist traumhaft schön!« Birte, gehüllt in Lila, schien aufgeregter als sie selbst. »Und hast du auch etwas Blaues, etwas Geliehenes …«

»Etwas Altes und etwas Neues – selbstverständlich«, unterbrach Sofie ihre Freundin. »Ich muss noch einmal für kleine Mädchen.«

»Wenn ich dir mit dem Kleid helfen soll …?«

»Nein, nein, das geht schon.«

Sofie schloss die Badezimmertür hinter sich und nahm den Flakon vom Spiegel. »Braun?« Was bedeutete das nun wieder? »Birte?«

»Soll ich dir doch helfen?«

»Nein, nein. Welche Bedeutung hat die Farbe Braun?« Sofie öffnete das Fläschchen, benetzte die Haut hinter den Ohren und an den Handgelenken.

»Braun ist die Farbe unserer Herkunft, der Wurzel, der Summe unserer Erfahrungen aus der Vergangenheit bis zum Jetzt, dem Sein. Sie verleiht uns Sicherheit, Wärme, Geborgenheit und …«, erklärte ihr die Freundin durch die geschlossene Tür.

Sofie kam aus dem Bad. »Danke!« Sie legte sich die Kette um und der Flakon verschwand in ihrem Dekolleté.

»Nun aber los! Lassen wir deinen Bräutigam nicht länger warten.«

Selbstverständlich ging Sofie auch an diesem Tag nicht aus dem Haus ohne einen Abschiedskuss für Grand-maman.

Am nächsten Morgen, als sie erwachte, war sie eingehüllt in feinen Veilchenduft – es roch nach Geborgenheit, Wärme und Nähe. Sofie betrachtete erst Simon neben sich, dann den Ring an ihrer Hand und fühlte sich unsagbar glücklich. Leise schlüpfte sie aus dem Bett und ging ins Bad. Sie sah in den Spiegel und strich sich eine Strähne aus dem Gesicht. Ihr Blick fiel auf den Flakon an der Kette, die sie noch um den Hals trug. Das

Fläschchen hatte jegliche Farbe verloren – und enthielt nicht einmal mehr einen einzigen Tropfen von Grandmamans Duft, obwohl es am Tag zuvor noch randvoll, ja unerschöpflich schien. Sofie hängte die Kette an den Badezimmerspiegel.

Dann kroch sie wieder unter die Bettdecke und schmiegte sich an ihren Mann. Mit einem Streicheln auf ihrer Wange und einem Hauch an ihrem Ohr wie ein Flüstern schlummerte Sofie ein. Du brauchst mich nun nicht mehr!

Die Letzten ihrer Art

Kai Riedemann

Matthias nimmt einen Schluck aus der Wasserflasche. Er ahnt, dass ihre Expedition in den feuchtheißen Regenwald nichts bringen wird, auch wenn der Baum, der sich von Wundmalen übersät vor ihnen erhebt, an einen Gekreuzigten erinnert und sogar einige Nägel aus dem geschundenen Stamm ragen.

Ahmad zückt sein Messer und stößt die Klinge in eine der Wunden. Voller Ungeduld schält er die hellgraue Rinde ab, doch das Holz, das darunter zum Vorschein kommt, ist weiß. »Nichts«, sagt er.

Matthias lächelt. Er sieht die Enttäuschung in Ahmads Augen. Der legt eine andere Stelle des von Nägeln malträtierten Baumes frei und schnuppert mit seiner großen Nase dicht am Stamm.

»Nichts«, sagt Ahmad wieder. »Alles war umsonst.« Er nimmt seine runde weiße Kappe vom Kopf und wischt sich den Schweiß ab. Eigentlich sollte ihm die Schwüle am Affenberg nichts ausmachen, schließlich ist er hier zu Hause, kennt nichts anderes als die Insel Lombok, den Regenwald und jene Bäume, die für ihn Reichtum bedeuten. Adlerholzbäume.

Matthias reicht ihm die Wasserflasche, schultert seinen Rucksack und macht sich auf den Rückweg zum Dorf. Kein Pfad gibt die Richtung vor, doch es geht stetig abwärts, den Steilhang hinab, während der Hain mit den Adlerholzbäumen hinter ihnen zurückbleibt. Ahmad schwitzt, flucht, zetert, aber er übernimmt wieder die Führung. Ein Gecko huscht vor ihnen über den Boden.

»Ich verstehe das nicht. Das Holz hätte so schwarz sein müssen wie … wie …«

»Wie deine Seele?« Matthias weicht einer Riesenspinne aus. »Du solltest der Natur nicht ins Handwerk pfuschen.«

»Das war ich nicht!«, protestiert der Adlerholzjäger. »Jemand aus dem Dorf muss die Nägel eingeschlagen haben, damit es mehr Harz gibt.« Matthias weiß es besser, aber er schweigt. Nur das unentrinnbare Zirpen und Summen des Regenwalds stört die Stille.

Ahmad kämpft sich durch das dichte Grün, stapft zwischen zwei Baumriesen hindurch, an die sich Matthias vom Hinweg nicht erinnern kann. Allein, das ist ihm klar, wäre er hier verloren. Farne und Palmwedel mit langen schmalen Blättern schlagen ihnen ins Gesicht. Als sich der Wald lichtet, bleibt der Indonesier plötzlich stehen, blickt sich um, winkt. Sein blaues T-Shirt klebt am Körper, die Sandalen trägt er in der Hand. Matthias fällt erst jetzt auf, dass sein Führer barfuß über den Teppich aus gefallenen Blättern und feuchter Erde geht.

Von der Lichtung aus bietet sich den beiden ein wahrhaft Ehrfurcht gebietender Ausblick auf den Dschungel. Unter dem Grau der tief hängenden Wolken erstrecken sich Baumkronen wie dicht an dicht liegende Brokkoliröschen, so als gäbe es nirgendwo einen Pfad, als hätte noch nie ein Mensch dieses Dickicht durchdrungen.

Matthias lässt den Rucksack zu Boden gleiten und setzt sich. Ahmad zögert.

»Wir müssen umkehren. Zurück bis zu den zwei hohen Bäumen, dann nach Süden. Dies ist ein Irrweg.«

»Ich weiß«, sagt Matthias. »Aber ich möchte dir etwas zeigen.« Er öffnet seinen Rucksack und wickelt ein sorgsam in Folie verpacktes Holzstück aus. Unförmig ist es, schwer und tiefschwarz. Ahmad setzt sich nicht. Er blinzelt, fast so, als hätte er noch nie in seinem Leben Adlerholz gesehen. Matthias zückt sein Feuerzeug und hält einen Splitter in die Flamme. Langsam steigt eine dünne Rauchfahne auf. Schwer und betörend schleicht sich der Duft in die Nase. Ein wenig wie Weihrauch und doch exotischer. Ein wenig wie Erde und doch lieblicher. Ein wenig wie Jasmin und doch herber. Als hätten sich sämtliche Gerüche des Regenwalds vereint, um die Seele zu verwirren.

»Das ist gute Qualität.« Ahmad versucht vergeblich zu lächeln.

»Gute Qualität? Du weißt genau, es ist die beste.«

»Aber nein, viel zu süß …«

»Für die unscheinbare Probe würden meine Auftraggeber mehr bezahlen, als du in deinem ganzen Leben verdienst, Ahmad. Und das ätherische Öl dieses Baums wäre unbezahlbar. Das teuerste Parfum der Welt, gemischt mit Moschus und Rosenöl.«

Der Indonesier schweigt. Er nimmt seine weiße Kappe ab, dreht sich um und blickt auf den Regenwald in der Tiefe.

»Woher hast du es?«, fragt er schließlich.

»Das geht dich nichts an. Es ist das beste Adlerholz, das ich jemals gesehen habe. Spürst du es nicht? Erregender kann ein Duft kaum sein.«

»Vielleicht.«

»Du wolltest mich mit diesen albernen verkrüppelten Stämmen abspeisen, in die ihr Nägel gerammt habt.«

»Nur wenn der Baum verletzt ist, bildet sich das duftende Harz und deshalb haben wir …«

»Mach dich nicht lächerlich, Ahmad. Ich weiß mehr über Adlerholz als alle aus eurem verblödeten Dorf zusammen. Hier, riech noch mal!«

Matthias springt auf, kümmert sich nicht um die graubraunen Blätter, die an seiner Hose kleben bleiben, und hält Ahmad das Holzstück unter die Nase. Noch immer steigt heller Rauch auf.

»Wir bezahlen dich nicht für minderwertigen Schund. Von solchen Stämmen haben wir schon Hunderte zersägt. Zeig mir lieber die Stelle, von der dieses Holz stammt.«

»Ich weiß es nicht.«

»Du weißt es. Aber wenn deine Familie wieder hungern will, frage ich einen anderen. Irgendjemand wird mich schon zu diesem versteckten Hain führen.«

Ahmad blickt weiter auf den Regenwald, über den sich immer tiefer die graue, vom Meer heranziehende Wolkendecke legt. Matthias kann sein Gesicht nicht sehen, seine Augen, sein Zögern. Schließlich dreht sich der Adlerholzjäger wieder um.

»Wir würden lange brauchen. Zu lange, um den Rückweg ins Dorf bis Sonnenuntergang zu schaffen.«

»Dann bleiben wir dort eben über Nacht.«

»Auf keinen Fall. Das ist viel zu gefährlich.«

»Ich will dieses Adlerholz, Ahmad, um jeden Preis.« Er führt den duftenden, tiefschwarzen Holzsplitter dicht an seine Nase, atmet den Rauch ein. »Es ist einzigartig. Ein ganz besonderer Pilz muss den Baum befallen haben, um zusammen mit dem Harz diesen Duft zu bilden. Jeder Pilz sorgt für einen anderen Duft und dieser ist …«

Ahmad stapft mit festen, schnellen Schritten zurück in den Regenwald, die Sandalen in der linken Hand, die rechte zur Faust geballt. Matthias lacht und schultert den Rucksack, um ihm zu folgen. Dieses Mal biegen sie an den beiden Baumriesen nach Norden ab. Auch hier gibt kein Pfad die Richtung vor, es geht zunächst aufwärts, dann ein Stück den Steilhang wieder hinab, während die Bäume um sie herum immer dichter zusammenrücken und Ahmad sein Messer zücken muss, um sich einen Weg durch das Grün zu bahnen. In das

Zirpen der Insekten und die schrillen Laute der Vögel mischt sich jetzt das bedrohliche Sirren der Stechmücken. Wahre Heerscharen scheinen den beiden zu folgen, während der Regenwald dampft wie eine Waschküche. Hatte Ahmad bei ihrem ersten Aufstieg scheinbar unschlüssig nach dem richtigen Weg gesucht, durchquert er jetzt zielstrebig und unbeirrbar das Dickicht. Jetzt ist es Matthias, der schwitzt. Sein blondes Haar klebt am Kopf, das Hemd glänzt feucht.

»Ahmad!«

Der dreht sich nicht um.

»Es ist nicht mehr weit. Die Bäume wachsen hinter dem Hügel dort drüben. Auf einem Felsen direkt am Abgrund.« Er bückt sich nach einer großen gelben Frucht, wirft sie mit all seiner Kraft nach einem Affen, der erschrocken höher ins Geäst flüchtet. »Die Götter mögen mir verzeihen, dass ich den Ort verrate.«

Durch das dichte Blätterdach fällt kaum noch Licht, als sie schließlich nach stundenlangem Marsch den Hain erreichen. Mehr als ein Dutzend Urwaldriesen wurzeln auf einer Felsnase. Matthias lässt den Rucksack zu Boden gleiten und geht langsam auf die mindestens 20 Meter hohen, dünnen Stämme zu. Alt müssen diese Bäume sein, sehr alt. Sogar im Dämmerlicht erkennt Matthias, dass er die wohl letzten wilden Adlerholzbäume dieser ganz besonderen Art vor sich hat. Er ahnt, wie tiefschwarz das Innere der Stämme sein muss, er riecht förmlich den einzigartigen Duft, der verzaubert wie ein Märchen aus Tausendundeiner Nacht. Zitternd legt er eine Hand auf den ersten Stamm, schmiegt sein Gesicht an die vom Wetter der Jahrzehnte gezeichnete Rinde.

»Gib mir dein Messer, Ahmad.« Keine Antwort. Sogar das Sirren der Stechmücken scheint verstummt.

»Ahmad? Ahmad!«

Matthias wirbelt herum. Er ist allein in Regenwald.

Die Qual der Wahl

Marianne Glaßer

Ich gebe zu, ich bin ein Parfum-Freak. Beim Anblick meines überdimensionalen Regals würden Sie das ohne Weiteres bestätigen. Hunderte kleiner Fläschchen stehen da, sortiert nach der jeweils vorherrschenden Duftnote – Moschus, Ambra, Zibet und Castoreum, Litschi, Pfirsich und Yuzu, Lotusblüte, Rosenblätter und weiße Pfingstrose, Zedernholz und Patschuli.

Vielleicht glauben Sie jetzt, ich hätte sie mir alle gekauft, aber dann sind Sie auf dem Irrweg. Nein, ich kaufe nicht, ich schnorre Proben. Samstags, an meinem arbeitsfreien Tag, mache ich mich auf die Pirsch. In Parfümerien, in Kaufhäusern, in Ladenketten, überall suche ich nach neuen Düften. Leider muss ich in immer weiter entfernte Bezirke ausweichen; die Filialleiter in meiner Umgebung kennen mich inzwischen und haben extra für mich ein *Probenabgabeverbot* erlassen.

Aber das war nur die Vorgeschichte. Viel schlimmer ist,

dass ich jetzt vor meinem Regal stehe und nicht weiß, welchen Duft ich heute wählen soll. Das kleine Schwarze habe ich schon angezogen, die Augen mit hellgrauem Lidschatten, die Wangen mit etwas Rouge für die Ausgehnacht verschönert. Jetzt ist zu bedenken: Was will ich, was wird der Abend bringen, was soll er bringen?

Natürlich will ich mir einen toll aussehenden Mann aufreißen. Also müsste ich zu dem kleinen Fläschchen mit der Aufschrift *Verführung* greifen. Es enthält aphrodisierendes Moschus. Mit Parfum ist ja alles möglich. Aber was tun, wenn nur alte und hässliche Männer in der Bar sind? Vielleicht schwirren sie um mich herum wie die Motten ums Licht, so dass ich auf die Toilette flüchten muss, aber schon hängen sie in Trauben an der Klinke der geschlossenen Kabinentür und ich muss den ganzen Abend auf dem Klodeckel verbringen und hoffen, dass die Tür der geballten Kraft der Hormone standhält. Nein, den Moschusduft stelle ich lieber zurück.

Zögernd nehme ich die Probe der Marke Sphinx mit grüner Yuzu zur Hand. Gepflegte Männer stehen nicht auf leicht erlegbares Wild. Schön und desinteressiert stehe ich an der Bar, mit einem Glas Champagner in der Hand. Der Mann meiner Träume betritt den Saal, kommt direkt auf mich zu – bleibt im Raum stehen, schnuppert ein wenig – und steuert direkt auf eine Blondine zu, die wie ein ganzer Fliederbusch duftet. Mein Duft ist zu schwach, meine Signale erreichen ihn nicht. Auch das Fläschchen mit dem Sphinxduft lasse ich ungeöffnet.

Meine Armbanduhr zeigt halb neun. Ich muss eine Entscheidung treffen. Die Auswahl ist groß. Schnell entschlossen hole ich meine größte Handtasche, werfe alle Flakons und Proben hinein, die Platz darin finden, und verlasse beschwingt das Badezimmer. Jetzt bin ich für jede Sorte Männer gerüstet – sicherheitshalber packe ich noch das Pfefferspray oben drauf.

In der Bar meiner Wahl sitzen bereits an die 50 Konkurrentinnen an Theke und Tischen, daneben einige uninteressante Typen der männlichen Spezies. Ich schwinge mich auf einen Barhocker und stelle die Tasche auf den nächsten, für den Fall der Fälle. Ein Glas Champagner leistet mir fürs Erste Gesellschaft.

Zwei Stunden später betritt er den Raum, der Mann meiner Träume. Der Mann aller Frauenträume, wie ich an dem unisono angestimmten »Aaahhh« feststellen kann. Groß, schlank, blond und braun gebrannt, mit blitzblauen Augen, in Jeans, weißem Hemd, mit einem blauen Pullover lässig über den breiten Schultern bewegt er sich wie ein Tänzer zwischen den Tischen hindurch und umrundet schnuppernd die Bar. Ich öffne meine Tasche und krame hektisch darin herum. Die Fläschchen sehen sich alle ähnlich, in dem schummrigen Licht kann ich natürlich die Aufschrift nicht lesen. Scheibenkleister! Ich stelle die Tasche vor mir auf den Boden, so ist der Hocker neben mir frei.

Er nähert sich wirklich, schnuppert wieder und fragt mich höflich, ob der Platz noch frei ist. Ich nicke! Eine

Schallwelle trägt das enttäuschte »Ooohh« der Damenwelt an mich heran. Ich muss unbedingt meine Tasche schnappen und auf die Toilette, um mich zu parfümieren, aber nicht jetzt, sonst fliegt mir das Vögelchen davon.

Er bittet um einen Tanz, ich schmelze in seinen Armen dahin wie Eis in der Sonne. Und dann flüstert er mir ins Ohr, dass ich wie eine der Rosen sei, die so wunderschön sind, dass sie nicht duften müssen, um die Bienen anzulocken. Er hasse privat nämlich Düfte aller Art und Herkunft, sei er doch Filialleiter in einer Parfümeriekette am Rande der Stadt und acht Stunden am Tag von ihnen umgeben.

Mein erster Gedanke: Gott sei Dank, so weit haben mich meine Streifzüge noch nicht gebracht.

Was soll ich noch viel erzählen. Ich bin ohne meine Handtasche, dafür jedoch mit dem Mann meiner Träume nach Hause gekommen. Die Flakons habe ich auf der Toilette versteckt, eine der enttäuschten Damen wird sich damit getröstet haben.

Mein Regal ist inzwischen mit Toilettenartikeln für Männer gefüllt, die restlichen Düfte habe ich in die hinterste Ecke meines Kellerabteils gebracht.

Und sollte zwischen uns einmal Schluss sein, werde ich meinem Filialleiter so lange ein schlechtes Gewissen einreden, bis er mir sämtliche Parfumproben seiner Firma überlässt und die ganze Geschichte wieder von vorn beginnt. Mit Parfum ist ja alles möglich.

Essenzen besonderer Art

Susann Obando Amendt

Es hat mal eine Zeit gegeben, da habe ich Bianca beneidet. Damals angelte sich meine unscheinbare große Schwester jeden süßen Jungen, ohne dass ich verstand, wie. Und der Zisch von Mutters Opium, der Bianca bei jedem ihrer Dates anhaftete, der machte die Sache noch mysteriöser. Diesen Sandelmief habe ich gehasst, bis er mir die Erleuchtung brachte.

Parfum ist nämlich etwas Besonderes. Keine tote Mischung aus Alkohol, Wasser und Aromen, nein, Parfum lebt, so muss es sein! Es ist wie ein Organismus, ein Symbiont, der, sobald er auf menschliche Haut trifft, seine Charaktere in den Träger pflanzt.

Deshalb konnte Opium meine große Schwester in ein so sinnliches Wesen verwandeln, das nur über den Rand der Brille blinzeln musste, um eine Verabredung zu bekommen.

Und nur deshalb hat ein Hauch Bruno Banani mich vor einigen Tagen dazu gebracht, bei einer Partnerbörse online zu gehen und jedem Single, den man mir in dieser Stadt empfohlen hat, zu schreiben.

Bianca hat nicht lange suchen müssen. Schon seit Jahren ist sie verheiratet, sogar Mutter, und wenn ihr es gelang, mit Hilfe eines Symbionten die Liebe ihres Lebens zu finden, würde mir das auch gelingen.

Ich sah auf die Uhr.

In zwei Stunden musste ich geduscht und parfümiert im *Fontana di Trevi* sitzen, einem Italiener, der nicht gleich um die Ecke lag. Doch vorher wollte ich unbedingt bei Douglas vorbei. Die Zeit wurde knapp.

Immer schneller lief ich durch das Einkaufscenter und betrat mit einem tiefen Atemzug die Parfümerie. Zahlreiche Düfte hatte ich schon zu Hause, alle dazu geeignet, mich in einen Menschen zu verwandeln, der tausendmal interessanter war als ich. Nur welcher Duft meiner war, das hatte ich noch nicht herausgefunden. Okay, ich hatte schon einige Männer kennengelernt und manch tolle Nacht verbracht, aber irgendetwas fehlte. Und mich quälte der Gedanke, dass sich das einzig richtige Parfum irgendwo hier im Regal befand. Einen Augenblick später stand ich vor den Duftneuheiten.

»Kann ich Ihnen helfen?«, fragte eine arg geschminkte Dame.

Ich ließ mir ein halbes Dutzend Düfte vorführen, von denen ich drei kaufte. Danach trug ich sie mit einem Siegesgefühl aus der Filiale, das keine Gehaltserhöhung der Welt hätte hervorrufen können. Zu mir kam ich erst, als mich jemand ansprach:

»Cora?«

Ich schaute auf, direkt in die Augen meiner Schwester. Biancas Blick wanderte zu der Papiertüte in meiner Rechten und eine Falte bildete sich zwischen ihren Brauen.

»Hallo, Tante Cora!« Ich erschrak, denn zwei Arme schlangen sich um meinen Hals und brachten mich fast aus dem Gleichgewicht. »Wow, was hast du denn gekauft?«

Gerade wollte Nele meine Einkäufe inspizieren, da zog Bianca ihre Tochter zurück.

»Sei nicht so wild«, sagte meine Schwester in dem Ton, in dem sie auch mich früher gemaßregelt hatte.

Neles Augengrün blitzte, dann verwandelte sich ihr Zorn in eine Gier, die sich eindeutig auf meine Einkaufstüte richtete. Meine Finger krallten sich um die Henkel und, ohne Nele aus den Augen zu lassen, trat ich einen Schritt zurück.

»Schön, euch zu sehen«, log ich. »Schade nur, dass ich verabredet bin. Ich muss mich beeilen, umziehen und so.«

»Bleib doch so«, meinte Bianca und musterte mich. »Du siehst hübsch aus. Ich würde mich nicht umziehen, wenn ich du wäre.«

»Tante Cora hat aber Stil!«

Neles Worte waren wie ein Faustschlag, unter dem nicht nur ich zuckte. Schnell plapperte ich was von spät dran und floh Sekunden später durch den Ausgang des Einkaufscenters.

Was war bloß mit Nele los? Seit wann verglich sie mich mit ihrer Mutter? Und seit wann schnitt ich dabei besser ab? Ich hatte immer gedacht, Nele läge Bianca zu Füßen. Konnte es sein, dass meine Schwester mit ihren *hübschen* Worten in Wirklichkeit ihre Tochter gemeint hatte?

Der Gedanke versetzte mir einen Stich und stumpfte erst ab, als ich zu Hause im warmen Badewasser liegend die Flakons auf dem Regal musterte. *Fontana di Trevi* – das war doch ein Brunnen? Wäre da nicht der wasserblaue Flakon von Davidoff angebracht?

Ich stemmte mich hoch, schwang ein Bein aus der Wanne und angelte nach dem Handtuch. Abtrocknen, eincremen, Davidoff, bis der Sprühkopf quietschte. Dann schlüpfte ich in meine Garderobe und machte mich auf den Weg.

Im *Trevi* allerdings fand ich unseren Tisch leer. Enttäuscht nahm ich Platz, bestellte mir Kaffee und wartete. Die Kellnerin brachte mir bereits die dritte Tasse, als meine Verabredung endlich eintraf. Erwartungsvoll sah ich auf und zuckte zurück. Doch nicht, weil dieser Danny untersetzter war, als sein Foto es hatte erahnen lassen. Nein, es war sein Blick. Mit offenem Mund starrte er mich an. Hatte er jemand anderen erwartet? Stumm sank er auf den Stuhl mir gegenüber und strich das erstklassig gebügelte Tischtuch glatt.

»Bist du okay?«, fragte ich, entschlossen, hier nicht das Feld zu räumen.

Danny murmelte etwas von Stau und erzählte, wie stressig es im Büro wäre.

Ich lauschte seiner Stimme. Wie sympathisch er klang und wie süß er aussah, so fixiert auf seine Hände! Ich schmunzelte, bis mich etwas ablenkte. In meinem Bauch kribbelte es nicht mehr, es brodelte und dieses Brodeln war nicht mehr zu halten. Es schoss mir bis in die Zehen, es pulsierte unter meiner Haut und brachte meine Beine dazu, sich aneinander zu reiben. Doch bevor ich begann, mich zu aalen wie ein Davidoff-Model am Strand, sprang ich auf, rannte zur Damentoilette und wusch mir energisch Gesicht und Hals. Zu viel Parfum, eindeutig. Ich schwitzte und zitterte gleichzeitig, schließlich ging ich zurück. Danny war verschwunden, die Rechnung bezahlt und das *Sorry* wirkte wie hektisch hingekritzelt.

Enttäuscht fuhr ich nach Hause. Vor lauter Grimm hätte ich fast übersehen, dass jemand mit grünen Augen vor meiner Wohnung wartete.

»Du siehst sauer aus«, sagte Nele. »War der Typ nicht da?«

Ich zwang mich zu einem Lächeln.

»Doch, aber, na ja.« Ich drehte den Schlüssel im Schloss und stieß die Wohnungstür auf. »Und du?«, fragte ich. »Was treibt dich her?«

Nele huschte in die Küche und lümmelte sich auf einen der Stühle.

»Ich wollte dir Glück wünschen. Aber das nützt wohl nichts mehr.«

Ich schenkte uns Saft ein und grinste.

»Vielleicht doch. Morgen hab ich noch eine Verabredung. Wie das so ist, wenn man mehreren Männern schreibt. Kann also nur besser werden!«

Ich prostete ihr zu, Nele aber drehte das Glas in ihren Händen.

»Kann ich«, begann sie leise. »Kann ich ein Parfum von dir haben?«

Ich erstarrte.

»Ich mach's auch nicht alle«, schwor sie. »Aber ich brauch eins, wirklich!« Sie lag fast auf dem Küchentisch, so weit beugte sie sich zu mir vor. »In der Schule sitzt ein ganz süßer Junge neben mir, Pepe, aber er spricht nicht mit mir. Er bemerkt mich nicht mal, nur die anderen Mädchen, die ständig mit ihm flirten. Und die haben Parfum, verstehst du?«

»Geht doch ins Kino«, schlug ich vor. »Er sagt bestimmt ja, wenn du ihn fragst.«

Nele sank in sich zusammen und starrte auf die Tischplatte.

»Ich versteh dich«, versuchte ich sie zu trösten. »Es ist nur – Bianca! Wenn ich dir ein Parfum schenke, dann nimmt sie es dir weg – und ich hab einen umgedrehten Hals.«

Nele schob den Saft beiseite.

»Kopf hoch«, sanft strich ich ihr über die Wange und reichte Nele einen Zwanziger. »Fürs Kino. Hab Mut und frag Pepe. Einen Versuch ist es wert, oder?«

Meine Nichte haschte den Geldschein so übermütig

wie ein Kätzchen ein Wollknäuel. »Danke!«, sie lachte mir ins Gesicht, »ich muss los. Sonst kriegt Mama mit, dass ich nicht im Bett liege.«

»Du bist abgehauen?«

Nele grinste und suchte nach Worten.

»Du kennst Pepe eben nicht«, flüsterte sie und ihr Gesicht strahlte dabei, als hätte sie eben den ersten Kuss bekommen.

Nele – verliebt, mit Schmetterlingen im Bauch, gierig auf jeden neuen Tag. Ach, wie sehnte ich mich nach diesem Gefühl. Ob ich heute Glück hatte? Heute würde ich Ronald treffen, den ich auch über die Partnerbörse kennengelernt hatte. In seiner ersten Nachricht hatte er geschrieben, Musik und die Nähe zweier Menschen seien das Wichtigste für ihn. Dieser Gedanke! Mein Herz begann augenblicklich zu klopfen. Wie sollte das bloß werden? Schon in der Nacht hatte ich kein Auge zugekriegt und jetzt konnte ich mich kaum auf meine Akten konzentrieren. Jede Stunde brachte mich Ronald näher, bis am Nachmittag das Telefon klingelte. Aus dem Hörer bellte mir Biancas Stimme entgegen:

»Sag mal, spinnst du? Nele so viel Geld zu geben! Dass du so bist, wie du bist, ist eine Sache, aber Nele soll ihr Selbstbewusstsein nicht so über den Ladentisch schieben wie du!«

»Was?« Meine Stimme, nur ein Piepsen. »Ich, ich hab Nele nur Geld fürs Kino gegeben. Was ist daran falsch?«

»Das fragst du? Sie hat es für Eau de Toilette ausgegeben und sich geweigert, das Zeug zurückzubringen. Ich musste es umtauschen! Nele hat sich nämlich in ihrem Zimmer verbarrikadiert!«

»Aber, das wollte ich nicht, ich …«

»Warum tust du das?«, fiel Bianca mir ins Wort. »Gibst ihr Geld und machst ihr vor, dass man sich im Leben alles leisten kann. So ist es aber nicht. Und man wird auch kein besserer Mensch durch solch teuren Mief!« Bianca atmete wie jemand, der um Fassung rang. »Halt dich von ihr fern, okay?«, sagte sie plötzlich mit frostiger Stimme. »Du bist einfach das falsche Vorbild.«

Dann gab der Hörer nur noch ein rasches Tuten von sich. Wie betäubt legte ich auf. Der Kloß in meinem Hals wuchs und wuchs und schließlich rann er mir tropfenweise als Tränen aus den Augen. Ich konnte nichts dagegen tun. Nach Feierabend irrte ich nach Hause und schluchzte in mein Kopfkissen. Ronald fiel mir erst ein, als eine Kirchenglocke in der Nähe 18 Uhr schlug.

Ich erschrak und zögerte zugleich.

Eigentlich war ich nicht in Stimmung, jemanden zu treffen. Doch was wäre, wenn dieser Jemand mir sagte, dass ich ein netter Mensch war?

Mit einem Mal hatte ich es eilig. Fürs Umziehen war es zu spät, also schöpfte ich mir nur Wasser ins Gesicht und versuchte, meinem verheulten Gesicht mit etwas Make-up den Schrecken zu nehmen. Dann griff ich einen rosafarbenen Flakon, sprühte mir zwei sanfte Stöße auf und sauste aus der Wohnung.

Doch kaum saß ich Ronald gegenüber, starb meine Hoffnung den Erstickungstod. So nett Ronald mich auch begrüßte, er stach mir in die Nase. Er trug nicht etwa ein eigenwilliges Aftershave, er trug gar keins und das nach diesem Sommertag. Obendrein kam er mir immer näher, flüsterte was von schönen Stunden und ließ seine Fingerspitzen meinen Arm hinaufwandern.

Wie ich es schaffte, in seiner Nähe nicht zu atmen, das war mir ein Rätsel.

Dann machte ich es wie Danny am Abend zuvor: Als Ronald auf die Toilette verschwand, ergriff ich die Flucht.

Zu Hause auf der Couch fühlte ich mich wie nach zwölf Runden im Boxring. Müde igelte ich mich ein, da klingelte das Telefon. Ich wollte gar nicht rangehen, tat es aber doch.

»Hallo?«, murmelte ich in den Hörer.

»Oh, hallo«, antwortete mir eine sympathisch tiefe Stimme. »Hab ich Sie geweckt?«

»Wer ist denn da?«, fragte ich und richtete mich auf.

»Christian Homann«, erklärte er mir. »Sie hatten auf meine Kontaktanzeige geantwortet, über die Partner-Börse, wissen Sie noch? Und, nun ja, in der Signatur stand Ihre Telefonnummer und da dachte ich, ich riskier es und rufe Sie an. Morgen Abend gibt es über der Seebrücke ein Feuerwerk. Haben Sie Lust, mich dort zu treffen?«

»Oh.« Ich schloss die Augen, die Hand an die Stirn

gepresst. »Ich weiß nicht, ich, ich kann gerade nicht denken, der, der Tag war verdammt hart.«

»Hatten Sie Ärger?« Er klang mitfühlend.

»Ja, ich meine, nein.« Ich rang nach den richtigen Worten. »Es ist wegen der Familie. Die kann man sich halt nicht aussuchen.«

Und doch tat Bianca genau das, fügte ich im Stillen hinzu. Sie will auswählen, wer zur Familie gehört und wer nicht.

Wieder wuchs der Kloß ich meinem Hals. Mit aller Kraft schluckte ich ihn hinunter.

»Und trotzdem«, sagte Christian überzeugt, »jeder in dieser Familie würde zu Ihnen gesaust kommen, wenn Sie in Not wären. Da bin ich mir sicher.«

Diese Worte waren lieb. Dennoch wünschte ich mir, Christian hätte sie nicht gesagt, denn schlagartig fühlte sich mein Hals an, als hätte man mir Säure in den Rachen gekippt.

»Weinen Sie?«

»Nein, ich, ich bin einfach nur erledigt. Kann ich Sie anrufen – die nächsten Tage?«

»Klar.« Die Antwort kam genauso schnell wie seine Rufnummer. Ich schrieb mit. »Und«, meinte er, »wir können auch du sagen, wenn du willst.«

»Okay.« Ich lachte.

»Ach, und noch was«, sagte Christian. »Vom Feuerwerk wird behauptet, dass es böse Geister vertreibt. In diesem Sinne, gute Nacht, Cora!« Einen Moment war Schweigen in der Leitung, dann legte er auf.

Ich zauderte bei dem Gedanken, ihn anzurufen. Zwar hatte sich seine Stimme irgendwie in mir festgesetzt, trotzdem konnte ich mich nicht dazu durchringen, zum Hörer zu greifen. Er würde fragen, ganz sicher. Was mit meiner Familie wäre, und das wusste ich selber nicht.

Im Büro arbeitete ich verbissen. Dass ich Feierabend hatte, merkte ich nicht mal. Erst als es in den Räumen ringsum totenstill war, schaltete ich meinen Computer aus und lief nach Hause.

Schon im Treppenhaus hörte ich mein Telefon klingeln. Christian, dachte ich hoffnungsvoll, hastete in die Wohnung und riss den Hörer an mich.

»Hallo?«

Biancas Worte klangen schrill: »Ist sie bei dir?«

»Wer?«, fragte ich verdutzt.

»Nele! Ist sie bei dir?!«

»N-nein«, stammelte ich. »Was ist denn los?«

»Der Sicherheitsdienst vom Einkaufscenter hat mich heute angerufen«, erklärte Bianca. »Nele hat versucht zu stehlen. Dieses Miss Dior Chérie. Ich sollte sie abholen, nur als ich kam, war sie nicht mehr da. Weggelaufen, hieß es«, ergänzte Bianca und ihre Stimme überschlug sich. »Sie ist aber nicht zu Hause und auch bei keiner Freundin; ich hab überall angerufen. Ich hab sogar bei uns im Keller nachgesehen. Jetzt weiß ich nicht, wo ich noch suchen soll. Hätte ich ihr dieses Eau de Toilette doch nur gelassen!«

»Weißt du, wo ein gewisser Pepe wohnt?«, fragte ich

zögernd. »Er und Nele sitzen in der Schule zusammen, vielleicht ist sie da.«

»Pepe?« Bianca klang verdutzt. »Keine Ahnung. Ich werde ihre Freundinnen fragen.«

»Ruf mich an, wenn du was weißt«, rief ich. »Ich geh Nele suchen, für den Fall, dass sie nicht bei Pepe ist. Ich melde mich.« Ich legte auf und kniff die Augen zusammen, dann durchwühlte ich fieberhaft die Alben nach einem Foto von meiner Nichte. Aktuell waren sie alle nicht, also riss ich das erstbeste heraus und rannte los.

Wo konnte Nele sein?

Ich stieß die Tür zu den Kellerverschlägen auf, rief ihren Namen, schaute in jeden Winkel … Nichts. Nervös klingelte ich bei der alten Nachbarin, die tagsüber immer aus dem Fenster schaute, aber sie hatte Nele nicht gesehen.

Auf der Straße begann ich zu laufen, die Angst trieb mich vorwärts. Bianca rief an und vermeldete Fehlanzeige: Nele sei nicht bei Pepe, und bei diesen Worten weinte sie wie ein Kind. Auch mir war nach Heulen zumute, je öfter ich Neles Namen rief. Die Passanten, denen ich ihr Foto zeigte, versicherten mir, sie nicht gesehen zu haben, und obendrein flüsterte eine Stimme in meinem Kopf, dass ich die Schuld an ihrem Verschwinden trug.

Da zerriss ein Knall die Dämmerung, gefolgt von einer ganzen Salve. Raketen stiegen in den Himmel und zerplatzten zu roten, gelben und grünen Sternenregen.

Das Feuerwerk! Ob Nele dort war? Es war immerhin eine Möglichkeit.

Ich hetzte die Seebrücke hinauf, schob mich in die Menschenmenge und rief Neles Namen. Auf der anderen Seite der Brücke entdeckte ich eine beleuchtete Reklametafel. Darauf ein Mädchen im Rosengarten mit dem Flakon von Miss Dior Chérie in der Hand und darunter … eine schmale Gestalt.

»Nele!«

Ich drängelte mich zwischen den Leuten hindurch, stürmte auf die Gestalt zu und riss sie in meine Arme.

»Alles ist gut«, flüsterte ich in ihre Haare hinein, dann hob ich ihr Kinn und sah Nele ins Gesicht.

»Gar nichts ist gut, Cora.« Sie weinte. »Ich wollte so sein wie du. Weil du immer so gut riechst und weil dir alle hinterhersehen. Und weil du so stark bist. Und jetzt guck mich an: Ich bin ein Dieb.« Sie schlang ihre Arme um mich, ihr Gesicht an meine Brust gepresst.

»Ich bin doch gar nicht stark«, widersprach ich matt. »Nimm mir das Parfum und du hast vor dir den lächerlichsten Menschen der Welt.«

Nele blieb stumm, bis sie zu glucksen begann. Mit verheulten Augen sah sie zu mir hoch.

»Du willst doch nur nicht, dass ich dich wieder nach einem deiner Parfums frage«, kicherte sie. »Weil du Angst vor Mama hast!«

»Cora? Cora Anders?«

Überrascht blickte ich auf. Vor uns stand ein Fremder, die Augen neugierig auf mich gerichtet. Dieses Gesicht sagte mir nichts, also nickte ich nur.

»Christian Homann«, stellte er sich vor. »Ich hab

dich von dem Foto erkannt, von dem aus dem Internet. Und als du so durch die Menge gerauscht bist, musste ich einfach hinterher. Hallo«, sagte er an Nele gewandt. »Ist alles okay bei euch?«

Meine Nichte setzte eine klägliche Miene auf.

»Meine Mutter wird mich bloß umbringen«, platzte sie heraus. »Aber sonst ist alles okay.«

Ich legte ihr den Arm um die Schultern. »Ich bring dich nach Hause«, sagte ich. »Und ich werde schon nicht zulassen, dass deine Mutter dich vor lauter Wiedersehensfreude zu Tode drückt.«

Christian schmunzelte, ich auch, dann führte ich Nele an ihm vorbei.

»War schön, dich zu sehen«, sagte er leise. »Nun werde ich nicht mehr von meinem Telefon weggehen, bis du angerufen hast. Oder wollen wir uns vielleicht morgen hier treffen, gegen 20 Uhr?«

Mir klappte der Mund auf. Hätte ich Parfum aufgetragen, dann hätte ich sein Drängen verstehen können, aber so?

Christian zwinkerte mir zu, drehte sich um und ging die Seebrücke wieder hinauf. Ich wollte mich eigentlich nicht nach ihm umdrehen, tat es aber doch. Und er blickte zurück, schaute und schaute, obwohl das Feuerwerk über ihm die schönsten Farben in den Himmel zeichnete.

Nele stieß mich in die Seite.

»Warum hast du nicht ja gesagt? Was, wenn nun eine andere kommt und ihn dir wegschnappt?«

Ich musste grinsen.

»Was ist mit Pepe?«, fragte ich. »Kann den keine andere wegschnappen?«

Nele schien nachzudenken, dann sah sie mit blitzenden Augen zu mir hoch.

»Nicht, wenn du mir was zum Schnuppern leihst«, sagte sie listig. »Fürs Ausgehen, du weißt schon. Und guck nicht so, ich gebe nicht auf. Ich finde Düfte einfach so schön!«

Kopfschüttelnd zog ich Nele an mich, dabei stieg mir etwas in die Nase, das ich vorher nicht bemerkt hatte. Es war ein Hauch von Orangen, der Duft von Miss Dior Chérie. Ich stutzte und schmunzelte. Da bestätigte sie sich wieder, meine Theorie. Parfum ist eben doch eine Essenz besonderer Art und irgendwann wird die Wissenschaft das auch beweisen.

Advance

Michael Zeidler

Der Sommer der großen Umwälzung geizte nicht mit Hitze und trockenem Wind. Die Veränderung ging langsam vonstatten, aber stetig und unaufhaltsam. Olli bemerkte es zuerst: »Thorsten war gestern mit Kerstin ein Eis essen. Habe ich selbst gesehen!«

»Mit einem Mädchen?« Ich tat entgeistert, doch insgeheim beneidete ich Thorsten um seinen Mut und Erfolg. Nicht dass mir an einem Eis mit Kerstin gelegen wäre, die war nicht *in* wie zum Beispiel Sybille oder Anke. Aber immerhin, was Mädchen anbelangte, hatte es Thorsten schon weiter gebracht als Olli oder ich.

Pflichtgemäß ergänzte ich »Uäh!« und verzog die Miene.

Es war der Sommer, in dem wir den Mädchen seltener an den Zöpfen zogen, öfter mit stolzgeschwellter Brust ein Marken-T-Shirt präsentierten oder mit unserem Musikgeschmack zu brillieren versuchten. Mein heimlicher Schwarm hieß Tanja. Heimlich? Olli ahnte sicher etwas. Ich hatte sie verteidigt, als er sagte, sie sei zickig und eine Heulsuse. Olli hatte gegrinst und seine Klappe gehalten, so wie es unter besten Freunden sein sollte.

Komplizierte Geschichte, das mit Tanja, schließlich waren wir Blutsgeschwister seit unserer Cowboy- und Indianerzeit. Und als solche gingen wir durch dick und dünn, verteidigten einander und hielten uns die Treue. Aber dass meine Blutsschwester jemals so hübsch aussehen und meinen Bauch zum Kribbeln bringen würde, hatte ich nicht ahnen können. Leider flog Tanja auf Markus, denn der hatte hellblondes Haar und himmelblaue Augen. Außerdem war er schon 13. Ich hatte schwarzes Haar und meine Augen konnte man nur mit ganz viel gutem Willen dunkel-dunkel-dunkelblau nennen. Mama meinte, sie seien braun.

Wir saßen am Bach und starrten aufs Wasser. Lustlos warf ich einen Stein hinein und dann noch einen. Es wollte uns einfach kein interessantes Spiel einfallen. Schon deshalb nicht, weil Tanja und ihre Freundinnen sich heute mit Markus und seinen Jungs zum Kino verabredet hatten.

»Aussehen ist nicht alles, auf den Charakter kommt es an«, versuchte Olli mich aufzuheitern.

»Jaja«, antwortete ich tonlos.

»Es gibt noch viele andere Mädchen!«

»Sicher.«

»Sie hat dich nicht verdient.«

»Genau.«

»Zorro würde den Kampf aufnehmen!«

Das stimmte. Allerdings erschien es mir nicht ratsam, Markus mit dem Degen zu durchbohren, deswegen zuckte ich nur mit den Schultern.

»Mensch, du bist aber heute ein Hänger!«, nörgelte Olli. Dann sprang er auf: »Ich hab's! Komm mit.«

Wir liefen den Hügel hinab.

»Wohin wollen wir?«, fragte ich.

»Zu uns. Wir gehen das jetzt logisch an, mit Wissenschaft.«

Ich warf ihm einen skeptischen Blick zu.

»Ganz einfach: Markus ist älter als du und sieht besser aus. Das ist Fakt.«

»Danke«, sagte ich mit säuerlicher Miene.

»Da du ihn nicht verprügeln kannst, ohne selber kräftig einzustecken, und du nun einmal nicht blond bist, müssen wir uns auf deine Stärken konzentrieren.«

»Aha.«

Wir eilten ins Arbeitszimmer von Ollis Papa. Hier lagen eine Menge Magazine herum, die richtig aufregenden versteckt hinter der Couch. Aber Olli suchte im Schrank in den Zeitschriften mit Artikeln über Regenwälder, Flugzeuge, ausgestorbene Tiere, Autos und so weiter.

»Ich hab's!«, rief Olli triumphierend und tippte auf eine Seite. *Frauen lieben Schweiß* prangte dort in roten Buchstaben. »Davon hat Papa letztens am Mittagstisch erzählt. Ganz schön eklig, aber so sind Mädchen eben.«

Er deutete auf einen Absatz: »Schau, hier steht: Aussehen ist relevant, zumindest am Anfang einer Beziehung. Viel wichtiger ist aber der Geruch. Nimm's ruhig mit.«

Der Artikel war interessant, zumindest das, was ich davon verstand. Das Auge entscheidet, mit wem man ausgeht, die Nase entscheidet, bei wem man bleibt. Vielleicht war da ja etwas dran? Immerhin hieß es doch: Ich kann dich nicht riechen.

Laut Artikel standen Mädchen auf richtige Männer, genau genommen auf den Geruch ihres Schweißes. Einen Versuch war es wert, der Einsatz gering: Ein verschwitztes Hemd ließ sich schon auftreiben und der mögliche Gewinn ließ meinen Bauch kribbeln.

Ich schlüpfte in ein T-Shirt und rannte zweimal ums Haus. Danach war ich zwar außer Atem, aber leider nicht nass genug. Viel zu anstrengend! Es musste doch eine bessere Methode geben, um ins Schwitzen zu kommen? Na klar! Ich zog mir drei Pullis über, legte mich in die Sonne und harrte eine brühende halbe Stunde aus.

Das männlich duftende Shirt zog ich mir am nächsten Tag unter ein frisches – meine Geheimwaffe sollte nicht für jeden offensichtlich sein. Ich ging gewitzt vor, schloss das Fenster im Klassenraum und schlenderte unauffällig hinter Tanja her. In dem Artikel hatten die Wissenschaftler nämlich ihre T-Shirts hinter die Frauen gelegt. Leider blieb der erwünschte Erfolg aus. Bis darauf, dass Thorsten rief: »Mach doch mal einer das Fenster auf!«, geschah nichts.

Ich erhöhte die Dosis. Am nächsten Tag erschien ich mit zwei durchgeschwitzten Shirts auf dem Leib im Unterricht, aber noch immer tat sich nichts. Oder? Tanja lief viel mehr als sonst umher, und zwar weg von mir. Vielleicht bildete ich mir das auch nur ein.

Um sicherzugehen unterwarf ich beide Shirts einer weiteren Behandlung und endlich stellte sich ein Ergebnis ein. Frau Heller hielt im Deutschunterricht spontan eine Stunde über Körperhygiene, natürlich ganz allgemein. Ein paar Mädchen rümpften deutlich die Nase, die Jungen nannten mich Dr. Mief und Olli sprach mich im Vertrauen und in aller Freundschaft an: »Simon, du stinkst!«

Verflucht!

Ich las mir den Artikel ein zweites Mal durch und stöhnte auf, als ich meinen Fehler bemerkte. Schweißgeruch von Männern stand da und nicht der von pubertierenden Jungen. Das zuzugeben, schmerzte meinem Ego gewaltig.

Papa war ein Mann – und zwar ein ganzer. Er spielte Squash, fuhr Mountainbike, joggte und versorgte unsere Waschmaschine täglich mit maskulinem Duft. Ich entschied, mir einfach seine Klamotten zu leihen, und zog sie unter.

Auch nach einer Woche himmelte Tanja nach wie vor Markus an. Ich zweifelte an der Wissenschaft und überlegte eines Abends, ob Papa wirklich ein ganzer Mann war, da betrat er mein Zimmer.

»Du trägst meine T-Shirts?«, fragte er.

»Äääää …« Ich errötete.

»Passen dir die überhaupt?«

»Hmmm …«

»Die sind doch dreckig.«

»Jaaaaa …«

Papa zuckte mit den Schultern. »Mich stört es nicht, aber das aus unserem Parisurlaub hätte ich schon gerne zurück.«

»Na gut …«

Sein Blick fiel auf das Magazin, das offen auf meinem Schreibtisch lag. Er nahm es in die Hand, überflog den Artikel und brummte: »Aha! Daher weht der Wind!«

Ich wünschte, der Boden täte sich auf und würde mich verschlucken.

»Wie heißt denn die Dame des Herzens?«

Vor Papa konnte ich nichts geheim halten, der war zu schlau. Allerdings, wenn nicht ihm, wem sollte ich dann vertrauen? Also schüttete ich ihm mein Herz aus.

»Clever, wirklich clever«, bemerkte er und setzte sich auf mein Bett. »Du hast deren Experiment ein bisschen missverstanden. Schau, die haben den Versuchspersonen, allesamt Frauen, Fotos von Männern gezeigt. Die Frauen sollten deren Attraktivität einschätzen. In einem zweiten Durchgang haben die Forscher hinter den Stühlen der Frauen verschwitzte T-Shirts versteckt und festgestellt, dass die Bewertungen besser waren als beim ersten Mal. Das bedeutet …?«

»Frauen lieben Schweiß!«

Papa lachte. »Na ja, etwas vielleicht. Eigentlich bedeutet es, dass subtile Gerüche die Urteile der Versuchspersonen beeinflusst haben.«

Ich nickte.

»Die sind nicht mit total nass geschwitzten Hemden vor den Frauen herumstolziert, sondern haben die Beurteilungen mit kaum wahrnehmbaren Gerüchen positiv verstärkt! Subtil!«

Da war dieses Wort schon wieder. Ich nahm mir vor, es sogleich nachzuschlagen, wenn Papa weg war.

»Die Männer sahen alle ganz ansehnlich aus«, fuhr er fort und zeigte auf ein paar der Bilder. »Keiner war hässlich. Durch die T-Shirt-Düfte wurden aus normalen Gesichtern attraktivere. Das ist die erste Lektion: Mit Gerüchen lassen sich Eindrücke verstärken, entweder zum Guten oder zum Schlechten, aber du kannst nicht herbeizaubern, was gar nicht da ist.«

»Aha.«

»Die zweite Lektion: Ein Laborversuch wie dieser lässt sich im echten Leben nicht einfach kopieren.«

»Warum nicht?«

»Da saßen Frauen auf Stühlen in Kabinen und haben Bilder betrachtet. In der Realität verschmelzen Gerüche von Bäumen, Abgasen, Pommes und 1000 anderen Dingen zu einem einzigen Feuerwerk für die Nase. Wo du einen Hauch von Frühlingsblume bräuchtest, wirkt dein verschwitztes T-Shirt wie eine Stinkbombe. Wie würdest du denn reagieren, wenn dir jemand so ein Ding unter die Nase hält?«

»Ich bin doch keine Frau!«

»Glaube mir, die wenigsten Frauen stehen auf stinkende Männer!«

Ich machte ein langes Gesicht.

Papa lächelte mir aufmunternd zu. »Keine Sorge, vielleicht kann ich dir helfen. Schon mal etwas von Parfum gehört?«

»Das ist was für Mädchen!«, rief ich.

»Genau diesen Denkfehler begeht der blonde Markus sicher auch und deswegen wirst du ihn aus dem Rennen werfen!«

Ich folgte Papa hoffnungsvoll ins Badezimmer. Er öffnete den Spiegelschrank. Auf seiner Seite standen einige kantige Fläschchen, Flakons nannte er sie, mit durchsichtigen Flüssigkeiten. »Herrenparfums«, sagte Papa und nahm eines mit elegantem schwarzem Schriftzug heraus.

»Tigre«, las ich laut.

»Schnupper mal«, forderte Papa mich auf und öffnete den Flakon.

»Riecht stark, beißt ein bisschen in der Nase«, sagte ich.

»Ein wenig wie Mandarine, findest du nicht?« Er tupfte sich einen Tropfen aufs Handgelenk.

»Gefällt mir nicht.«

»Der erste Eindruck ist die Kopfnote, die verfliegt bald.«

Nach ein paar Minuten roch ich erneut an seinem Handgelenk. »Ist jetzt irgendwie anders.«

»Das ist die Herznote. Die ist bei Tigre herb. Männlich eben. Wie ein angreifender Tiger.«

»Na, ich weiß nicht …«

»Wenn du noch etwas länger wartest, ändert sich der Geruch erneut. Dann tritt die Basisnote in Aktion. Ein richtiges Parfum ist ein magischer Mix aus verschiedenen Aromen, denen sich niemand entziehen kann.«

»Soll ich mir das auf die Hand reiben und Tanja unter die Nase halten?«

»Würde dir ein Löffel Salz schmecken?«

Ich verzog das Gesicht.

»Aber etwas Salz auf dem Ei gefällt dir, oder?«

Ich nickte.

»Genauso ist das mit Parfums auch. Du würzt die Luft mit ihnen. Ein gutes Parfum entfaltet seine Wirkung, indem man es nicht riecht, zumindest nicht bewusst.«

»Subtil?«, antwortete ich.

Papa nickte. »Das richtige Parfum unterstreicht deine Stärken und spielt deine Schwächen herunter. Es flüstert deinem Mädchen ein, was du ihr mit Worten nur schwer und mit deinem Aussehen kaum vermitteln kannst. Glaube mir, es lässt dich wie 13 duften. Mindestens, wenn nicht sogar 14.«

Ich strahlte. Papa war eben doch der Beste.

Tigre, der Tiger, der wollte ich sein. Am nächsten Morgen tupfte ich mir ein kleines bisschen davon auf den Puls und hinter die Ohren. Subtil sollte es sein – das

Wort hatte ich gestern extra nachgeschlagen. Nun war ich eine wilde Raubkatze, vor der man sich in Acht nehmen musste. Markus blieb nur der Rückzug und Tanja würde sich in meinen Armen sicher und geborgen fühlen.

Vielleicht war ich beim Auftragen zu geizig gewesen? Jedenfalls stellte sich der erwünschte Effekt nicht ein und in der großen Pause teilte ich meine Enttäuschung mit Olli. Der schnupperte an meinem Handgelenk. »Tiger?«, fragte er.

Ich fauchte als Antwort.

»Riecht eher wie verblühende Blumen.«

Nun nahm ich auch einmal eine Nase voll. Hm, bei Papa hatte das irgendwie anders gerochen.

»Tigre ist französisch und bedeutet Tiger. Bist du denn einer?«, fragte Papa mich am selben Abend.

»Um einer zu werden, habe ich mir das doch aufgetupft«, antwortete ich frustriert.

Die ganze Sache wurde kompliziert. Papa meinte, einfach Tigre aufs Handgelenk zu sprühen, machte mich noch lange nicht zu einer reißenden Raubkatze. Wäre eine in mir versteckt, würde der Duft sie vielleicht hervorlocken, aber: »Ein Parfum erschafft nichts, es unterstreicht, was schon vorhanden ist. Du stehst einem Ritterorden vor und bist außerdem Tanjas Blutsbruder. Als Indiana Jones junior hast du die Wälder erforscht und mit Olli an einer Rakete gebaut. Vielleicht solltest du dieses hier versuchen?« Er gab mir einen kugelförmigen Flakon.

Also gut! Am nächsten Morgen sprühte ich mir mir Aventura aufs Handgelenk. Das war spanisch und bedeutete Abenteuer. Ob es auch deutsche Parfums gab? Auf dem Weg zur Schule roch ich immer wieder an meiner Haut und bald nahm ich den Duft kaum noch wahr. Jetzt kam die Herznote meines Abenteuers zum Tragen.

Mr. Mief gehörte der Vergangenheit an. Ich konnte förmlich sehen, wie sich das Klassenzimmer mit Aventura füllte. Jeder schien aufgekratzter, sogar Frau Heller machte einen wilden Eindruck auf mich. Tanja allerdings wirkte unbeeindruckt. Sie erzählte ihren Freundinnen vom gestrigen Nachmittag, den sie mit Markus' Clique am See verbracht hatte. Er hatte solch verrückte Kunststücke auf seinen Rollerblades vorgeführt, dass er in den Fluss gestürzt war und von der DLRG mit einem Motorboot gerettet werden musste.

Na prima! Ich duftete nach unvorstellbaren Abenteuern, aber andere erlebten sie. Die Herznote war verflogen und die Basisnote roch sicher nach erschöpftem Held.

Zu Hause schloss ich mich verärgert in mein Zimmer ein, legte mich aufs Bett und drehte die Musik hoch. Erst viel später bemerkte ich das kleine, unscheinbare Fläschchen mit einem Rest Flüssigkeit auf meinem Nachttisch. Darunter befand sich ein Zettel, beschrieben mit Mamas Handschrift: »Versuch das mal.«

Hm, kein Name, keine Gravur. Ich öffnete es.

Die Kopfnote roch … hätten Messer einen Duft, das

wäre er gewesen. Doch er verschwand bald und zurück blieb eine sanfte, aber durchdringende, ernste Herznote.

Ich nahm das Fläschchen und ging zu Mama in den Garten.

»Danke«, sagte ich und in dem einen Wort schwangen ein Dutzend Fragen mit.

Mama rupfte ein paar Unkräuter aus und setzte sich dann mit mir auf die Terrasse.

»Papa hat mir von deinem Problem erzählt.«

Ich errötete.

»Er hat recht, ein Parfum verstärkt nur deine eigenen Nuancen. Allerdings werden dir weder Tigre noch Aventura bei Tanja helfen.«

»Das habe ich auch herausgefunden.«

Mama winkte ab. »Ein Parfum braucht eine Weile, bis es seine Wirkung voll entfaltet. Einfach aufsprühen und Tanjas Herz gewinnen ist nicht. Wann benutzt Papa zum Beispiel Tigre?«

»Beim Squash.«

»Genau. Mann gegen Mann! Der Kämpfer in Papa tritt durch Tigre stärker hervor. Du willst aber niemanden im Zweikampf bezwingen, sondern ein Herz erobern. Du brauchst einen Duft, der dich vorteilhaft erscheinen lässt und für Frauen begehrenswert.« Sie zeigte auf den Flakon in meiner Hand.

»Wie wirkt es?«

»Es verstärkt den Eindruck, den du auf andere Menschen machst. Stell es dir bildhaft so vor: Während alle deine Klassenkameraden schwarz-weiß erscheinen, kommst du als einzige bunte Gestalt daher. Der Duft heißt Advance. Ich habe ihn damals von einer Reise nach Marokko mitgebracht und Marokko ist ein Land, in dem es echte Magie gibt! Viel Erfolg.«

Doch dieser ließ auf sich warten. Nach drei Tagen mit dem magischen Wässerchen auf der Haut war ich immer noch keinen Schritt weiter. Ich klagte Mama mein Leid.

»Hast du dich ihr gegenüber eigentlich begehrenswert verhalten?«

Ich schaute sie verblüfft an.

»Das ist ein Parfum, kein Liebestrank wie bei Tristan und Isolde. Er verstärkt, was du durch Tun, Lassen und Auftreten signalisierst.«

Also verhielt ich mich am Montag recht begehrenswert und signalisierte Gewolltwerden, zumindest hoffte ich das. Ich pumpte Tanjas Fahrrad nach der Schule auf, lieh ihr meinen Taschenrechner in Mathe und machte ihr sogar ein Kompliment für ihre neue Armbanduhr. Weiter wollte ich nicht gehen, ich bewegte mich sowieso schon auf sehr dünnem Eis. Sie sollte ja nicht merken, dass ich in sie verschossen war, sondern sich in mich verlieben.

Der ersehnte Erfolg stellte sich jedoch immer noch nicht ein.

»Tja«, sagte Mama, als ich ihr von meinen Versuchen berichtete. »Du verhältst dich angemessen einem

Mädchen gegenüber, das muss ich dir lassen. Allerdings verstärkt Advance den Eindruck, den du erweckst.« Sie schaute mich eindringlich an.

»Und?«

Sie deutete auf meine schmutzigen Fingernägel. »Die wirken mit Advance gleich viel dreckiger. Welches Mädchen würde sich davon wohl anfassen lassen wollen?«

Guter Punkt. Die Nagelfeile richtete es, und dass ich zunächst darauf verzichten musste, mit Olli die Wälder unsicher zu machen, verkraftete ich.

Dienstag erkannte ich, dass meine zerschlissenen Jeans im Hauch von Advance wie ein Lumpentuch wirken mussten, Mittwoch putzte ich meine Schuhe, Donnerstag achtete ich darauf, weniger zu fluchen – denn wer wusste schon, ob das Parfum nicht sogar die Wirkung der Sprache verstärkte? Freitag wusch ich mein Haar und übte übers Wochenende, es vernünftig zu kämmen.

Olli blieb nichts anderes übrig, als nachzuziehen. Da ich mich in der Duftwolke von Advance zu einem Gentleman entwickelte, fing auch er an, auf sein Äußeres zu achten.

In der nächsten Woche hörte ich über ein paar Ecken, ich sei ein guter Einfluss und wirke viel erwachsener als andere Jungs in meinem Alter.

Endlich fühlte ich mich in der richtigen Verfassung und hatte genug Mut angesammelt, um Tanja die alles entscheidende Frage zu stellen. Heute sollte es geschehen.

Ich stellte sicher, dass die Schuhe sauber waren, das T-Shirt gewaschen und mein Haar gekämmt. Als ich jedoch zu Advance griff, durchfuhr mich ein eisiger Schrecken: Der Flakon war leer! Nicht ein Tröpfchen magisches Parfum war übrig.

»Lass den Kopf nicht hängen!«, ermunterte mich Mama, nachdem ich ihr von der Tragödie berichtet hatte. »Nachdem die Herznote verflogen ist, kommt die Basisnote zum Tragen, das weißt du doch, oder?«

Ich nickte.

Sie trat nahe an mich heran und roch an meinem Handgelenk. »Advance hat eine schier endlos wirkende Basisnote. Ich kann sie noch immer wahrnehmen, ganz sacht umschwebt dich die Essenz des Parfums. Fass dir ein Herz! Achte darauf, dass deine Fingernägel sauber sind und dein Hosenstall geschlossen ist, wenn du Tanja fragst, dann wird Advance dir schon helfen.«

Obwohl es kribbelte und wie verrückt in meinem Brustkorb hin und her sprang, sprach ich Tanja nach der letzten Stunde an. Sie sagte ja.

Ich kann mich nicht erinnern, welchen Film wir uns angeschaut haben, aber unseren ersten Kuss schmecke ich bis heute auf meinen Lippen. Auch wie lange der Duft von Advance mir anhaftete, weiß ich nicht. Vielleicht tut er es immer noch? Ich ging seitdem jedenfalls stets mit geputzten Schuhen auf die Straße; sicher ist sicher.

Die Parfümeurinnen und Parfümeure

HOLGER BODAG. Geboren 1968 in Bielefeld, Geographie- und Politikstudium in Braunschweig. Tätig als Softwareentwickler und Unternehmensberater, zur Zeit Referent in einem Bundesministerium und freier Autor.

MAIKE BRAUN. Geboren 1962 in Reutlingen. Studium der Naturwissenschaften in Cambridge, England. Danach acht Jahre in einer internationalen Unternehmensberatung. Seit Januar 2002 selbstständige Unternehmensberaterin. Wohnhaft in Hamburg. Verheiratet, drei Kinder.

GUDRUN BÜCHLER. 1967 in Mödling bei Wien geboren. Als Teen Weltschmerz in Lyrik und Prosa verfasst, als Twen Werbe- und Pressetexte. Mit 30 dem ersten großen Stoff begegnet und gewusst: Schreiben soll es sein. Inzwischen 17 Jahre Karriere zum Sales & Marketing Director an den Nagel gehängt, eine Weinbauschule und die Leondinger Akademie für Literatur absolviert.

GABY CADERA. 1967 in Dortmund geboren und noch immer dort sesshaft. Mann, zwei Kinder und Kampfkatzen bereichern ihr Leben – Langeweile ist ein Fremdwort! Als ausgebildete Zahntechnikerin arbeitete sie im Dentalvertrieb, nach 17 Jahren Wiedereinstieg ins

Handwerk. Nebenbei tätigt sie Büroarbeiten im familieneigenen Taxiunternehmen. WWW.SCHREIBZIRKEL.COM

SABINE FINK. Geboren 1969, hat die meiste Zeit ihres Lebens Literatur vor allem gelesen. Seit einigen Jahren bringt sie jedoch ihre Ideen zu Papier und verfasst kurze, aber auch längere Geschichten verschiedener Genres. Sie ist Mitglied bei den *Mörderischen Schwestern.* In ihrer Freizeit treibt sie Ausdauersport und lebt mit ihrer Familie in Mittelfranken. WWW.SABINE-FINK.DE

MARIANNE GLASSER. Geboren 1968 im Fichtelgebirge, wo sie noch immer lebt. Nach dem Abitur Studium der Angewandten Sprach- und Kulturwissenschaften in Germersheim, Nancy und Neapel. Nach einigen Umwegen Tätigkeit als Übersetzerin (Kunstgeschichte, Naturwissenschaften, Reiseliteratur). Veröffentlichungen von Lyrik und Prosa in Literaturzeitschriften. WWW.MARIANNE-GLASSER.DE

KAREN GROL. Geboren 1964 in Westfalen. Geografisch zieht es sie über Berlin und Freiburg nach Heilbronn. Auch im Beruf ist Abwechslung gefragt. Die Beamtenlaufbahn hängt sie an den Nagel, um Druckereitechnik zu studieren. Sie wird Ingenieurin, IT-Leiterin, SAP-Consultant, Autorin und schließlich Verlegerin.

THOMAS HOCKE.1965 in Saarbrücken geboren, im Saarland aufgewachsen, studiert und selbstständig gewesen, von 2005 bis 2007 in Österreich, seitdem in Berlin im Facility Management. Schreibend seit 2001, seitdem eine bis zwei Veröffentlichungen pro Jahr, erster Gipfel der Aktivität in 2004 mit zwei prämierten Texten, nach ruhi–geren Jahren seit 2008 wieder zunehmende Schreiblust.

REINHART HUMMEL. Am eidgenössischen Ufer des Bodensees, in Güttingen, dort, wo der Blick nach Deutschland weit ist, entstehen kurze Geschichten und lange Romane und Skulpturen und Figuren und Bilder, falls er nicht gerade seiner Hauptaufgabe, der Leitung einer Pflegeorganisation, nachgeht oder mit seiner verrückten Hündin unterwegs ist. WWW.REINHART-HUMMEL.CH

CLAUDIA KEJWAL. Geboren 1963, lebt und arbeitet am Bodensee. Ihr Lesebuch *Überwiegend sonnig, zeitweise bewölkt* ist 2008 im Papierfresserchens-MTM-Verlag erschienen. Im April 2009 wurde ihr Roman *Bauchspeck, Frust und Liebeskummer* im Spielberg-Verlag veröffentlicht. WWW.KEJWAL.DE

CHRISTIANE KLEINE. Lebt mit ihrer Familie in Bielefeld. Außer Büchern liebt sie Radtouren, Spiele, Tee, Kekse und Katzen. Sie schreibt am liebsten fantastische oder kriminalistische Storys, von denen einige in verschiedenen Anthologien veröffentlich wurden.

ARMENA KÜHNE. Geboren in Baden bei Wien, aufgewachsen in Bayern. Später Abstecher nach Bremen und Heidelberg. Rückkehr nach Bayern. Ein Haus, zwei Töchter und ein Husky als Ausgleich für den Beruf als Polizeiangestellte. Tauchen gehört neben dem Schreiben zur Lieblingsbeschäftigung. Veröffentlichungen in Anthologien und Zeitungen. WWW.SCHREIBZIRKEL.COM

DEGENHARD LANGNER. Geboren 1957 in Schlesien und aufgewachsen in Neubeckum, wo er mit seiner Frau und zwei Kindern lebt. Er arbeitet als CAD-Konstrukteur, doch in seiner Freizeit bevorzugt er die künstlerische Variante des Zeichnens. Lieblingsdisziplin sind stets die Comics. Ein Fernstudium zum Werbegrafiker und Designer öffnete neue Horizonte.

MARTINA MORITZ. Freie Autorin, geboren 1963 in Köln. 1999-2002 Fernstudium AA-Akademie, Hamburg, *Die Große Schule des Schreibens*. Zahlreiche Veröffentlichungen in Anthologien und Literaturzeitschriften – in Deutschland, Österreich und in der Schweiz. Nominierung zum Little Pen-Literaturpreis 2006. 2. Preis Alexander Trust Kurzgeschichtenwettbewerb 2006. WWW.MARTINA-MORITZ.COM

SUSANN OBANDO AMENDT. Geboren 1976, schreibt für Kinder und Erwachsene. Seit 2006 wurden mehrere ihrer Kurzgeschichten in Zeitungen, Zeitschriften und Anthologien veröffentlicht. Susann Obando Amendt lebt mit ihrer Familie in Berlin.

KAI RIEDEMANN. Geboren 1957 in Elmshorn. Studium der Germanistik und Allgemeinen Sprachwissenschaft in Hamburg, Dissertation über die Comic-Strip-Serie *Peanuts*. Tätig als Redakteur bei einer TV-Zeitschrift. Veröffentlichung von Science-Fiction, Fantasy, Kurzkrimis und Kindergeschichten sowie Beiträgen für Kabarett und Kindertheater. Lebt seit 20 Jahren in Hamburg.

JUTTA SCHÖPS-KÖRBER. Geboren in Ostpreußen, aufgewachsen in Baden-Württemberg, wo sie als Hauptschullehrerin arbeitete und lebt. *Der Tod des Schriftenmalers* erschien in der edition R. Fischer. Ihren 1. Preis erhielt sie 1992 in Leipzig, ihm folgten mehrere regionale Preise.

HENNING SCHÖTTKE. 1952 geboren, studierte zunächst Mathematik und Musik auf Lehramt. Seit 1978 ist er freiberuflicher Comiczeichner, hat zahlreiche Comicserien veröffentlicht und über 100 Schulbücher illustriert. Durch die Arbeit an einem Roman fand er vor zehn Jahren zum Schreiben. Er lebt in Kronshagen bei Kiel, ist verheiratet und hat zwei erwachsene Kinder. WWW.HENNING-SCHOETTKE.DE

ANINA STECAY. Jahrgang 1976, erblickte das Licht der Welt im unschuldigen Bad Hersfeld. Schon ihre Kindheit verbrachte sie im Rhein-Main-Gebiet, nach Studienaufenthalten in Berlin und den Niederlanden zog es sie wieder an den Tatort zurück; heute lebt, arbeitet und mordet sie in der Nähe von Frankfurt am Main. WWW.MORDGEWANDT.DE

SALINA PETRA THOMAS. Jahrgang 1968, lebt mit ihrer Familie in Bonn. Sie schreibt seit 2006 und veröffentlichte seither in Anthologien und Literaturzeitschriften. In ihren Texten beschäftigt sie sich vornehmlich mit Sinnfragen und Veränderungsprozessen, ihr Herz hängt an den kleinen Dingen, die das Leben lebens- und liebenswert machen. WWW.WORT-LICHT.DE

DIANA WIESER. Jahrgang 1977, arbeitet als freiberufliche Werbetexterin und Redakteurin. Diverse Veröffentlichungen (Prosa, Lyrik) in

Anthologien. Gewann den 2. Preis beim Literaturwettbewerb 2007 des Michael-Müller-Reisebuchverlags mit der Short Story *Mehr Blick*. Lebt mit ihrer Familie in der Ulmer Region. WWW.ARTWORDISING.DE

MICHAEL ZEIDLER. Studierte Biologie an der FU Berlin und zog 1999 nach Michigan, USA. An der University of Michigan arbeitet er als Molekularbiologe. 2007 erschien *Wie Lukas Charles Darwin aus der Klemme half* im Herder Verlag, ein Jugendroman über die Geschichte der Genetik. WWW.MICHAELZEIDLER.COM

Gulas Menü

HENNING SCHÖTTKE

Hamburg 1969, Zeit der Hippies, Charly kocht für Ulrike Himmel und Erde, während die Amerikaner zum ersten Mal den Mond betreten. Neun Monate später wird ein Mädchen geboren. Gula! Charly beeindruckt durch Kochkünste und Sprüche, scheint für ein bürgerliches Leben nicht geeignet. Gula wächst bei Ulrike auf, erst mit Wochenendvater, dann ganz ohne. Sie sehnt sich nach ihm, gleichzeitig hasst sie ihn. Wie Charly kann sie gut kochen, doch mit dem Essen hat sie Probleme. Mal verschlingt sie es, mal bekommt sie keinen Bissen hinunter.

Gulas Menü erzählt die Stationen eines Lebens, begleitet von Rezepten und zeitgeschichtlichen Ereignissen, angerichtet als 5-Gänge-Menü. Essen ist längst nicht nur Nahrungsaufnahme und Genuss. Essen ist Verführung, es ist Junkfood, Festmahl, Exotik, Gefahr und Sehnsucht.

ISBN 978-3-942181-09-9

Paris – Basra

BODO RUDOLF

Dem Ingenieur steht die Welt offen, hieß es in den Sechziger Jahren. Bodo Rudolf zog es hinaus, erst nach Paris, dann in den Mittleren Osten, in den Irak, den Iran, nach Syrien, Abu Dhabi, aber auch nach Sumatra und an andere ferne Orte. Mit und ohne seiner Familie lebte er jahrzehntelang auf Großbaustellen unter Palmen. Die paradiesischen Strände blieben Träume ... sie hätten auch niemals Buchseiten gefüllt

Begleiten Sie sechs Kegelbrüder auf Ihrer Autofahrt nach Basra, gehen Sie mit der irakischen Geheimpolizei auf Wildsaujagd in den mesopotamischen Sümpfen, lauschen Sie heimatlichen Zitherklängen in subtropischen Nächten. Helfen Sie im revolutionären Iran beim Bierbrauen und Keltern, lesen Sie zensierte Zeitungen und gehen Sie direkt ins Gefängnis.

ISBN 978-3-942181-08-2

Gaumenkitzel

ERLESENE MENÜS AUS DER LITERATENKÜCHE

Die besten Rezepte schreibt das Leben, behaupten unsere Literaten, greifen zum Kochlöffel und schauen ihren Helden in die Töpfe. Fünf fantasievolle 5-Gänge-Menüs berichten von Speisen, die Geschichte(n) schreiben, von leidvollen Gaumenfreunden, genussvollen Überraschungen und köstlichen Verführungen. 25 AutorInnen erzählen erlesene Stories. Der Sternekoch Benedikt Faust liefert die Rezepte dazu.

ISBN 978-3-942181-00-6

Aqua Vitae

EIN LITERARISCHES WHISKY-TASTING

Ein Whisky ist wie seine Heimat: Er schmeckt nach rauer See, blühender Heide, wogenden Getreidefeldern und würzigem Torfmoor. 22 Autoren tauchten ihre Feder in den Whisky und verfassten Geschichten, die mal auf der Zunge zergehen und mal explodieren: mild oder feurig, süß oder würzig, heiter oder sperrig, leicht oder komplex ... und alle mit kreativem Aroma, erlesener Reife und nachhaltigem Abgang.

ISBN 978-3-9811560-8-9

Mit allen Sinnen

EINE LITERARISCHE WEINPROBE

Haben Sie ihn schon gefunden, den Wein Ihres Lebens? Wie muss er schmecken oder was muss er können? Einen Rollstuhlfahrer zum Tanzen bringen, Beweise zur Aufklärung eines Mordes liefern, den Katzenjammer von Nacktenten bekämpfen oder gar einem Vampir Flügel verleihen ... suchen Sie sich Ihren Lieblingswein aus. 31 Geschichten laden Sie ein auf eine abwechslungsreiche Weinprobe.

ISBN 978-3-9811560-7-2

Arabica & Robusta

EINE LITERARISCHE MELANGE

Kaffee ist mehr als ein einfaches Getränk: Am frühen Morgen weckt er die Lebensgeister. Tagsüber verschönt er Pausen mit köstlichen Aromen. Er darf bei keiner Besprechung fehlen und krönt jede Kuchentafel. Kaffee ist Kultur, Kult und Lebensart. Ob aus Brasilien oder Guatemala, Arabica und Robusta begleiten nicht nur bewegende Momente, sondern erzählen auch bewegte Geschichten.

ISBN 978-3-9811560-6-5

Lavendel & Zitronengras

EINE LITERARISCHE PRISE KRÄUTER UND GEWÜRZE

Früher wurden Menschen verfolgt wegen ihres Wissens um die Kraft der Kräuter, während andere durch den Gewürzhandel zu Reichtum gelangten. Heute dürfen diese Pflanzen, Essenzen und Extrakte in keiner Gourmetküche fehlen und auch als Heilmittel wird ihre Wirkung geschätzt. So groß wie diese Spannungsfelder ist die Vielfalt der Geschichten von Alraune bis Zimt. Ob Gourmet, Hexe, Pflanzenfreund oder Duftliebhaber – dieses Geschenkbuch kann verführen.

ISBN 978-3-9811560-4-1

100 % Schokolade

EINE EXQUISITE MISCHUNG FEINSTER GESCHICHTEN

Schokolade ist ständige Versuchung und ihre glücksbringende Eigenschaft erwiesen. Doch das sind längst nicht alle Fähigkeiten, die der süßen Köstlichkeit zugeschrieben werden. In 30 Stories ist Schokolade mal Trostpflaster, mal Liebesbote, beflügelt Fantasie und Schöpfungskraft. Manchmal ist der schokoladige Genuss Auslöser von süßen Erinnerungen oder gar Ursache für Wahnzustände. In seltenen Fällen gibt es Nebenwirkungen, die sich nicht auf der Waage messen lassen.

ISBN 978-3-9811560-2-7

rätselhaft + wunderbar

EINE LITERARISCHE REISE IN DIE WELT DER ZAHLEN

In 27 Stories wird bewiesen, dass Mathematik reich und glücklich macht, dass Zahlen sexy oder romantisch sind und es nichts Spannenderes gibt als eine Kurvendiskussion zu zweit. Lernen Sie Prozentrechnung mit Murmeln, Geometrie beim Kuchenbacken und das Schreiben von Bestsellern mit Hilfe eines Algorithmus. Dieses Buch bietet mehr als Unterhaltung. Neugierige und Wissensdurstige kommen auf ihre Kosten und entdecken neue Facetten an der Wissenschaft, die zählt.

ISBN 978-3-9811560-3-4

Jahrmarkt der Geschenke

EIN LITERARISCHES ÜBERRASCHUNGSPAKET

31 Geschichten beleuchten die unterschiedlichen Facetten des Schenkens und Beschenktwerdens. Sie erzählen von Hoffnungen und Zweifeln, von Geschenken, die ins Schwarze treffen, und solchen, die misslingen. Den Leser erwarten gefühlvolle, traumhafte, mysteriöse, zwiespältige, spannende oder humorvolle Präsente. Hochwertig gebunden und zauberhaft illustriert ist dieses Buch ein wunderbares Geschenk für einen lieben Menschen – vielleicht sogar für sich selbst.

ISBN 978-3-9811560-1-0